W0189592

Dieter Kühnel machte als Fünfzehnjähriger die erste seiner vielen Reisen – er fuhr mit dem Fahrrad quer durch Europa. Nach seinem Studium (Germanistik und Kunstgeschichte) und der Promotion zum Dr. phil. startete er mit seinem Motorrad zu einer Weltreise, die mehrere Jahre dauerte. Jetzt arbeitet er als Redakteur in einer Film- und Fernsehgesellschaft, hat aber das Gefühl, daß die Jahre auf dem Motorrad bisher die inhaltsreichsten seines Lebens gewesen sind.

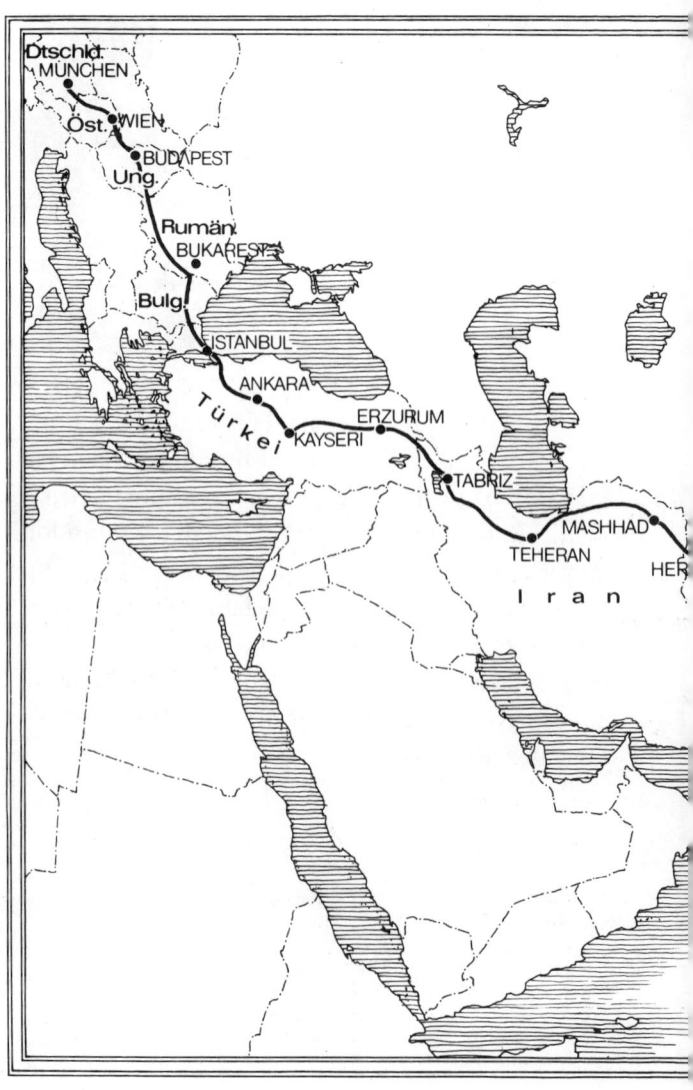

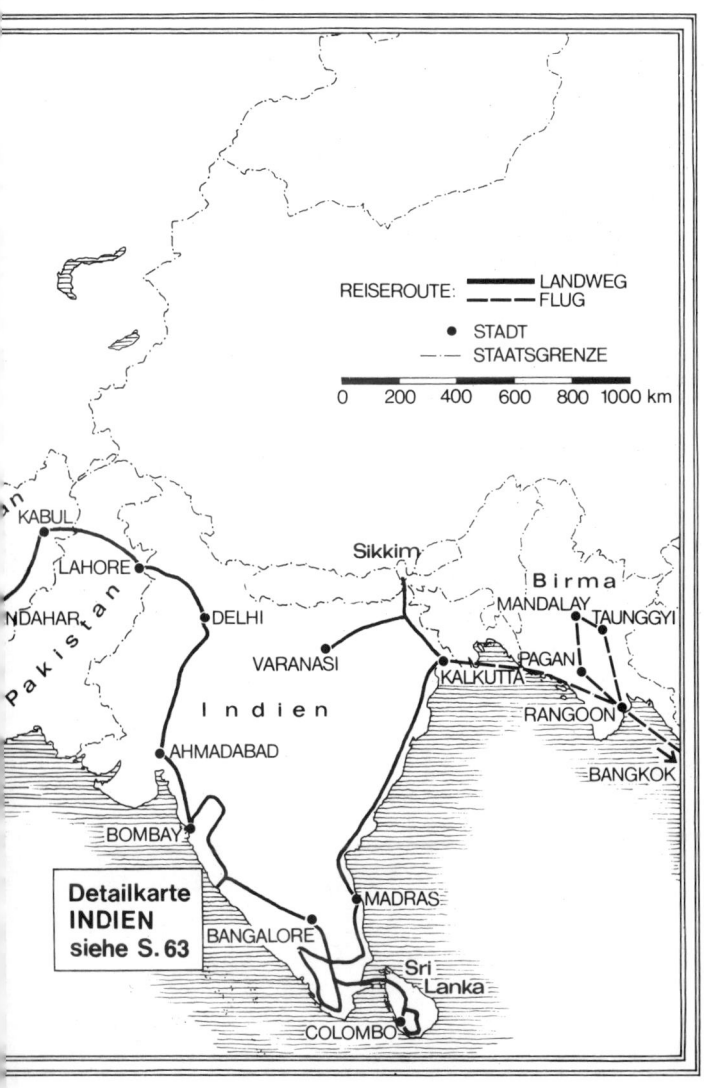

REISEROUTE: ▬▬▬ LANDWEG
‒ ‒ ‒ FLUG
● STADT
‒ · ‒ · STAATSGRENZE

0   200   400   600   800 1000 km

KABUL

LAHORE

NDAHAR

DELHI

Pakistan

VARANASI

I n d i e n

AHMADABAD

BOMBAY

Sikkim

B i r m a

MANDALAY   TAUNGGYI

PAGAN

KALKUTTA

RANGOON

BANGKOK

MADRAS

BANGALORE

Sri
Lanka

COLOMBO

Detailkarte
INDIEN
siehe S. 63

Dieter Kühnel

Rätselhaftes Indien

Mit dem Motorrad durch das Land der Bettler und Maharadschas

Frederking & Thaler

CIP-Titelaufnahme der Deutschen Bibliothek
Kühnel, Dieter:
Rätselhaftes Indien : mit dem Motorrad durch das Land der Bettler und
Maharadschas/Dieter Kühnel. 2. Aufl. – München : Frederking u. Thaler,
1990
  (Reisen, Menschen, Abenteuer)
  ISBN 3-89405-022-5

REISEN · MENSCHEN · ABENTEUER

© 1989 Frederking & Thaler GmbH, München
Alle Rechte vorbehalten
2. überarbeitete Auflage 1990
Titelfoto: Dieter Kühnel
Fotos: Dieter Kühnel
Produktion: Tillmann Roeder
Karten: Gert Köhler
Gesamtherstellung: Presse-Druck Augsburg
ISBN: 3-89405-022-5

Erstausgabe 1983

Inhalt

Ein blutiger Anfänger

Eine Weltreise mit dem Motorrad – das war der Traum meiner Studentenzeit. Jedem, der es hören oder auch nicht hören wollte, erzählte ich, daß ich mich nach dem Studium aufs Motorrad setzen und um die Welt fahren würde. Schließlich kam der Tag, an dem mir mein Diplom überreicht wurde. Das Studium war zu Ende. Mein Traum konnte also endlich in Erfüllung gehen. Aber seltsam – plötzlich war mir die Sache nicht mehr geheuer. Jetzt sollte ich mich auf ein Motorrad setzen und einfach losfahren? Das muß gut überlegt werden, sagte ich mir und beschloß, diese altbekannte und plötzlich doch so neue Idee gründlich zu überschlafen.

„Ist dir auch klar, daß wir bereits November haben?" wurde ich von einem Freund eines Tages unsanft erinnert. „Du mußt unbedingt sehen, daß du noch vor Einbruch des Winters loskommst, sonst wird so bald nichts aus deiner Reise."

Nun wurde ich also beim Wort genommen. Dabei besaß ich noch nicht einmal ein Motorrad!

Um Zeit zu gewinnen und weil es sich ja auch so gehört, tauchte ich zunächst bei meinen Eltern auf und präsentierte mich als frischgebackener *Dr. phil.* Mein

Vater holte eine Flasche Wein aus dem Keller.

„Hast du schon einen Beruf in Aussicht?" fragte er, bevor er sie entkorkte.

„Ich glaube, ich werde mir zunächst ein Motorrad kaufen und damit rund um die Welt fahren." Mehr brauchte ich nicht zu sagen. Mein Vater nahm die unentkorkte Flasche und brachte sie wieder in den Keller zurück. Er meinte recht trocken, es hätte wohl wenig Zweck, sich mit mir über vernünftige Dinge zu unterhalten, solange ich noch eine derartig unreife Einstellung äußerte. Ich fuhr also zurück nach München, in meine Studentenbude.

Mittlerweile war ich im Zugzwang. Die Kunde hatte weite Wellen geschlagen, daß ich vielleicht schon in den nächsten Tagen mit dem Motorrad auf eine Weltreise gehen würde. Technisch interessierte Freunde redeten sich die Köpfe darüber heiß, welches Modell mir zu empfehlen sei. Einige rieten zu einem japanischen, andere zu einem deutschen und wieder andere zu einem britischen Motorrad. Überdrüssig der vielen Debatten steuerte ich eines Nachmittags eine Firma an und erkundigte mich über Preis- und Lieferbedingungen der dort vorrätigen Modelle.

„Da kann ich Ihnen leider nur eines sagen, die Lieferfristen für sämtliche Typen betragen mindestens ein halbes Jahr", sagte der Verkäufer. Erleichtert wischte ich mir den Schweiß von der Stirn, ging nach Hause und verbrachte das erste Mal seit langem wieder eine ruhige Nacht. Allen Freunden, Bekannten und Neidern teilte ich mit, daß die Vorbereitungszeit halt doch etwas länger dauere als geplant; ein Motorrad könne ich frühestens im nächsten Sommer auftreiben. So genoß ich verdientermaßen vier ruhige Tage, fern von allem Zwang, Entschlüsse fassen zu müssen. Mein Glück währte jedoch nur kurze Zeit. Der Verkäufer der Motorradhandlung rief wieder an, sagte, ich hätte ihm doch meinen Fall als äußerst dringend geschildert, und sie hätten nun tatsächlich in der Oberpfalz ein fabrikneues Motorrad ausgemacht, das der Besteller habe zurückgehen lassen. Es sei zwar eine 600-ccm-Maschine, mithin ein „kleines" bißchen teurer als die von mir ursprünglich gewünschte 500er, aber für einen Sportfan wie mich sicherlich das geeignete.

Am nächsten Morgen suchte ich zusammen mit einem Freund den Händler auf. Die Maschine war soeben eingetroffen. Da stand sie, mit silbernem Tank und glänzendem Lack. Der Verkäufer streichelte voller Hingabe über den Sattel und meinte: „Das ist ein Maschinchen, was!" Er hatte sie gestern abend noch polizeilich angemeldet – ich brauchte nur zu bezahlen, mich draufzusetzen und abzufahren. Mir altem Sportsmann müsse er, wie er meinte, natürlich nicht erklären, wo all die Finessen der Maschine lagen. Er gab mir also nur die Schlüssel, wünschte mir alles Gute und blickte wehmütig ein letztes Mal zu diesem Prunkstück von Motorrad hinüber. Müßig zu erwähnen, daß ich in meinem Leben noch nie auf einem Motorrad gesessen hatte, geschweige denn wußte, wie man das Unding in Gang setzen könnte. Ich angeblicher Sportsfan war ein blutiger Anfänger!

Dann nahm ich all meinen Mut zusammen und fuhr mitten hinein ins Verkehrsgewühl von München. Als ich zu Hause anlangte, war ich schweißgebadet und mein Freund einem Anfall nahe.

Doch nun gingen die Probleme erst richtig los.

„Ich schätze", sagte die Dame, bei der ich zur Untermiete wohnte, „Sie müssen spätestens Ende dieser Woche zu Ihrer Reise starten. Im Wetterbericht ist Böses zu hören. Sobald Sie in Indien sind, sind Sie ja wohl sicher, dort gibt es immer nur heißes Wetter."

Erschrocken begriff ich, daß selbst diese alte Dame besser über meine Reiseziele Bescheid wußte als ich selber! Ich hatte mir eigentlich noch keine Gedanken darüber gemacht, wohin ich überhaupt wollte. Inzwischen war in meinem Bekanntenkreis eine heftige Diskussion darüber im Gange, ob ich bereits in Rosenheim meine Weltreise abbrechen würde, oder erst in Wien. Daß ich, bei aller realistischen Einschätzung meiner Möglichkeiten, jemals nach Australien kommen würde, schien jedem ausgeschlossen. Nur mir nicht. Meine Wirtin erklärte sich bereit, mir für eine geringe monatliche Miete das Zimmer weiterhin frei zu halten. Sie rechnete sich wohl aus, daß ich in spätestens drei Wochen wieder reumütig vor ihrer Tür stehen würde.

Ärgerliches Kopfzerbrechen bereitete mir das Herbeischaffen der nötigen Papiere, vor allem der Zolldokumente. Außerdem die Entrichtung von Steuern, von Kraftfahrzeugversicherung (die mir ohnehin kaum nützen würde, da ihr Geltungsbereich auf Europa beschränkt war). Geld zu zahlen gab es für alles und jedes. Eine Motorradfahrerausrüstung kostete für meine Begriffe zu viel Geld; ich besorgte mir also nur einen dicken Schal, einen Parka und Handschuhe.

Ich weiß nicht mehr genau, wer mir das Datum „25. November" gesetzt hatte, aber zu diesem Termin wollte ich starten. Und meine Freunde wachten korrekt darüber, daß ich diesen Zeitpunkt auch ja einhielt. Ich hatte überall ausgiebig Abschied gefeiert und viele große und wilde Reden geschwungen. Nun aber wurde es ernst. Die letzte Nacht war längst angebrochen. Es war 2 Uhr morgens, als ich mich erschöpft auf mein Bett legte, während zwei Mädchen aus meinem engeren Freundeskreis mit viel Organisationstalent versuchten, alles, was ich auf einer großen Liste zusammengestellt hatte, in den supergroßen Packtaschen zu verstauen. Die Packtaschen hatte mir ein alter Sattlermeister angefertigt. Was darin keinen Platz fand, wurde in den Schlafsack gerollt. Und als auch der voll war, strichen die zwei Mädchen einen Teil meiner Ausrüstung ganz einfach von der Liste. Ich merkte davon nichts, denn ich war längst eingeschlafen.

Der Morgen des 25. November war gekommen. Draußen blies ein kalter Wind. In meinem Zimmer, wo ich vor dem ganzen Gepäck saß und mir überlegte, was ich alles vergessen hatte, war es schön warm. Da klingelte das Telefon. Meine Eltern waren am Apparat und wünschten mir alles Gute. Um 11 Uhr rief mein Bruder an, um sich von mir zu verabschieden. Um 12 Uhr rief mein bester Freund an. Um 2 Uhr nachmittags rief meine Mutter nochmals an und wollte von meiner Wirtin wissen, wie meine Abreise vonstatten gegangen war. Um 15 Uhr stieg ich schließlich in meine Klamotten. Über meine Bluejeans zog ich eine gummierte Überhose, unter dem pelzgefütterten Parka hatte ich zwei Pullover an, um den Mund band ich mir einen Schal. Im letzten Augenblick hatte ich auch noch eine Motorradbrille aufgetrieben, und als ich so ausgerüstet vor das Haus trat, sah ich wild und verwegen aus und fror erbärmlich. Als ich die Maschine bepackt hatte und sie starten wollte, sprang sie nicht an. Als sie nach einer halben Stunde immer noch nicht ansprang und die Batterie leer war, traf, eilig von mir herbeitelefoniert, ein Freund ein. Um 16 Uhr hatten wir endlich den Defekt herausgefunden: Ich hatte bei einem Probe-wechseln den Luftfilter verkehrtherum wieder eingesetzt. Um 16.20 Uhr waren – die Kunde von meinem Mißgeschick hatte sich recht schnell verbreitet – vier weitere Freunde eingetroffen und umstanden mich. Auf diese Weise erlebten sie den herzbewegenden Abschied, der um 16.25 stattfand. Meine Zimmerwirtin war gerührt, meine Freundin hatte Tränen in den Augen, und dann . . . dann . . . ging es wirklich los.

Die Maschine heulte auf, ich fühlte mich endlich wie einer, der auf Weltreise geht. Ich legte den ersten Gang ein, und schneller, als ich erwartet hatte, schoß die Maschine mit mir davon. Die Autobahn erreichte ich auch ganz glücklich, aber dann wurde es unangenehm. Die Gläser der Motorradbrille beschlugen, der Nasenschützer fühlte sich feucht an, durch den Schal bekam ich nicht genügend Luft, die Kälte war brutal. Dazu fuhr ich zum ersten Mal in meinem Leben mit einer Geschwindigkeit, bei der ich noch nie zuvor auf einem Motorrad gesessen hatte, mit ganzen 80 km/h! Der Wind fegte mich fast von der Maschine herunter. Nebel kam auf. Bei Traunstein lag der erste Schnee seitlich der Autobahn; am Grenzkontrollpunkt nach Österreich konnte ich kaum meine Ausweispapiere aus den Innentaschen meiner Kleidung herausfingern.

„Wohin soll's denn gehen?" fragte der Zollbeamte.

„Ach, nur nach Wien", antwortete ich, worauf der Mann sagte: „Sie haben aber Mut, bei diesem Wetter."

Es war stockfinstere Nacht geworden. Meine Finger

konnte ich schon längst nicht mehr spüren, meine Kniescheiben schmerzten entsetzlich. Gegen 22 Uhr traf ich in meinem Heimatdorf im Wienerwald ein. Die Hausbesorgerin kam, sah mich, schlug entsetzt die Hände über dem Kopf zusammen und rief: „Jessas Maria, Herr Dieter, wie sehen Sie denn aus?" Am liebsten hätte sie mir noch eine Tasse heißen Kamillentee gebracht und mich ins Bett gesteckt. Aber ich spielte nun bereits eine neue Rolle: ich war der knallharte Typ, der auf Weltreise ist. Meine ehemaligen Schulkameraden saßen im Gasthaus und spielten Karten, sahen mich verwundert zur Tür hereinwanken und hörten anschließend meine etwas wirre Behauptung, mich auf einer Weltreise zu befinden. Sie meinten, es sei gut, daß ich jetzt erst einmal daheim sei und hier auch bleiben würde. Mit dem festen Willen, es ihnen zu „zeigen", stand ich am nächsten Morgen endlich einmal früh auf und kletterte todesmutig auf meine Maschine.

Schicksalsstunden eines Motorrads

Drei Tage später erreichte ich nachts um 2 Uhr die rumänische Grenze, wo man mich fast aus dem Sattel heben mußte, so steifgefroren war ich. Ungarische und rumänische Grenzer beschränkten sich auf die üblichen Fragen, was so ein Motorrad in Deutschland koste, wieviel Benzin es verbrauche, wie schnell es fahre und so weiter. Nachdem meine Antworten zufriedenstellend ausgefallen waren, waren auch die Zollformalitäten erledigt.

Um 7 Uhr morgens holte man mich in der Stadt Arad aus den Federn: Polizei war da und bat mich darum, das Motorrad unten auf der Straße zu entfernen. Als ich auf die Straße trat, hatte sich eine riesige Menschenmenge um das Motorrad versammelt; einige Lkws blockierten die Straße, weil die Fahrer nicht vorbeikamen. Mir wurde untersagt, das Motorrad an der nächstbesten Ecke abzustellen, weil sich sonst die gleichen Probleme in einer halben Stunde wiederholen könnten. Auf diese Weise war ich gezwungen, endlich einmal frühmorgens zu starten und somit die wenigen warmen Stunden des Tages auszunutzen.

Mein Aufbruch aus München, das Ende der jahrelangen Studentenzeit, das alles war ein bißchen schnell gekommen. Die letzten Tage in Nacht und Nebel und Eiseskälte hatten nicht dazu beigetragen, Klarheit in meine Gedanken zu bringen. Unter Weltreise hatte ich mir etwas vorgestellt, was identisch war mit Tropenhitze, Wogen des Pazifiks, mit unerhörten Abenteuern. Ich wußte zwar, daß es die Tropen irgendwo auf der Welt gab, daß ich sie irgendwann sogar erreichen würde, aber dieses Wissen hilft einem wenig, wenn man sich mit einem Motorrad herumschlagen muß, wenn es regnet oder kalt ist, wenn man von Polizisten aus seinem Hotel vertrieben wird und sich Ende November auf rumänischen Schlammpfaden vorwärtsarbeiten muß.

Im Südosten Rumäniens fährt man auf einer riesigen Donaubrücke zum anderen Flußufer und befindet sich ab sofort in der Volksrepublik Bulgarien. Bei der Grenzkontrolle erging es mir ähnlich wie beim letzten Mal: Ich trat bei der Prüfung der Personalien hinter meinem Motorrad in den Schatten. Nur die Daten des Motorrads interessierten.

Die im Kundenheft der Firma angegebenen Service-Stationen erklärten sich durchweg für inkompetent, und so ließ ich die vorgeschriebene 1000-Kilometer-Inspektion endlich durch einen einfachen, aber äußerst geschickten Mechaniker in einer primitiven Werkstatt der bulgarischen Stadt Plovdiv durchführen. Im Nu war die Werkstatt mit Menschen gefüllt; alle wollten dieses Wunderfahrzeug berühren oder zumindest sehen. Der Mechaniker, ob so viel Glanzes in seiner volkseigenen Werkstatt beinahe beschämt, ließ Cola „servieren", das die Zuschauer mit mitgebrachtem Schnaps verdünnten – und die Stimmung stieg und stieg . . .

Zunächst einmal versuchte der Mechanikermeister, von der zuständigen Polizeidienststelle die Genehmigung zur Reparatur eines ausländischen Fahrzeuges zu erhalten. Doch diese Bemühungen waren auch nach dem Anruf bei der 16. Dienststelle noch nicht mit Erfolg gekrönt. Nach einer knappen Stunde knallte er schließlich den Telefonhörer wütend auf die Gabel und griff nach einem Schraubenschlüssel. Das Interesse der Umstehenden wuchs mit jeder Minute, doch der Meister trat noch immer nicht in Aktion. Er schaute die Maschine ganz genau an und polierte den Tank und die Chromteile, die noch feucht waren von den vereinten Bemühungen dreier Lehrlinge, den Schlamm der Balkanstraßen abzuwaschen. Plötzlich bekam das Gesicht des Spezialisten einen entschlossenen Ausdruck, und innerhalb der nächsten halben Stunde zerlegte er die Maschine buchstäblich in ihre Grundbestandteile. Ich hatte die vorgeschriebenen Arbeitsgänge ins Englische übersetzt, das ein bulgarischer Lastwagenfahrer einigermaßen verstand und in die Landessprache übertrug. Auftauchende Mißverständnisse wurden mit Hilfe von Händen, Füßen und Geräuschimitationen geklärt. Es war ein Heidenspaß!

Mittlerweile hatte sich die Versammlung um einige Offiziere der Volksarmee vergrößert, die Erfahrungen im Umgang mit Militärmaschinen hatten. Ihre bewundernden Ausrufe schmeichelten meinem Besitzerstolz. Nach sechsstündiger Arbeit war das Motorrad endlich wieder zusammengesetzt. Aber nun stellte sich heraus:

Es gab nirgends ausländisches Öl. Und darauf bestand der Meister. Zum volkseigenen Schmieröl schien er kein Vertrauen zu haben. Ein neuer Griff zum Telefonhörer – doch keine der fünf Tankstellen Plovdivs wußte Rat. Einst hatte man eine Lieferung westlichen Öls für devisenstarke Ausländer bekommen, doch das lag Monate zurück. In diesem kritischen Moment, als sich die Ratlosigkeit auf allen Gesichtern widerspiegelte, lächelte der Meister verschmitzt, ging in den Nebenraum und holte einige Behälter voll der kostbaren Flüssigkeit, die er zu seinem eigenen Gebrauch zurückgestellt hatte. Für diese Maschine war er zu jedem Opfer bereit. Die Rechnung, die er mir für seine so gründliche Arbeit stellte, war erstaunlich gering.

In der Nacht begann es schrecklich zu regnen; der Himmel hatte seine Schleusen über Plovdiv geöffnet. Am nächsten Morgen regnete es weiter. Ich war also in der angenehmen Lage, endlich testen zu können, wieweit meine Kleidungsstücke wasserdicht waren. Nach zehn Minuten hatte ich es heraus: sie sogen das Wasser auf wie ein trockener Schwamm.

Wenn der Regen ins Gesicht peitscht, tut man gut daran, sich in sich selber zurückzuziehen, seine Gedanken auf ganz andere Dinge zu konzentrieren, die Außenwelt möglichst wenig zur Kenntnis zu nehmen, gerade so viel nur, daß die Verkehrssicherheit gewährleistet bleibt. Ich habe diese Methode später noch verfeinert, ja zur Perfektion entwickeln können, als ich tagelang durch Monsunregen fuhr, tagelang keinen trockenen Faden am Leibe hatte. So schob ich mich also langsam durch den Regen, Stunde um Stunde.

Ab und zu überholte mich ein Opel mit deutschem Kennzeichen aus dem Ruhrgebiet, das einzige Fahrzeug auf diesen verflixten Balkanstraßen. Dann wieder überholte ich den Opel. Wir trieben dieses Spiel auch noch weiter, nachdem wir die bulgarisch-türkische Grenze passiert hatten. Das Wetter wollte nicht besser werden. Meine Stimmung war auf den Tiefstpunkt gesunken. Als wir ein kleines türkisches Städtchen durchbrausten, stach mir der Duft einer Schaschlikbraterei in die Nase, und ich brachte, dem vernehmlichen Knurren meines Magens folgend, das Motorrad zum Halten. Überdies entdeckte ich auf dem Platz ein kleines Hotel, die passende Herberge für einen durchnäßten und müden Traveller wie mich. Als ich gerade das Gepäck abschnallte, hupte neben mir ein Auto: der Opel.

„Warum du hier halten? Was kaputt?" fragte der Fahrer, sprang aus dem Auto und kam mit besorgter Miene auf mich zu. Sein Aussehen und seine Sprechweise ließen ihn als türkischen Gastarbeiter erkennen. „Ich dich nicht sehen in Rückspiegel, ich kommen zurück."

Soviel Fürsorge rührte mich und hob meine Stimmung. „Alles o. k.", beruhigte ich ihn. „Ich werde hier schlafen. Morgen geht's weiter." Sichtlich enttäuscht, seinen Weggefährten verloren zu haben, dem er über so viele Landstraßen die Treue gehalten hatte, fuhr der Mann von dannen.

Am nächsten Morgen brach endlich die Sonne durch die Wolken, und gegen Mittag traf ich in Istanbul ein, wo es mich aber nicht lange hielt.

Für die Fahrt nach Erzurum (1500 Kilometer) hatte man mit Studentenausweis für die dritte Klasse ganze neun Mark zu bezahlen. Ernstlich tat sich die Frage auf, ob ich nicht lieber das Motorrad in den Zug verladen sollte, statt mir auf anatolischen Straßen die Seele aus dem Leib zu ärgern. Das Motorrad reiste nicht auf Studententarif, einen Studenten-Frachttarif kannte man in der Türkei nicht, obgleich ich wahrheitswidrig behauptete, daß es diese Vergünstigung überall in der Welt gäbe. Am nächsten Tag fuhr ich los; wir saßen zu neunt in einem Sechser-Abteil. Meine türkischen Reisegenossen packten Wassermelonen und gebratene Hähnchen aus; ich wurde bei den Mahlzeiten von ihnen mitversorgt. Eine Flasche Raki machte die Runde, und wir alle versuchten, die folgenden zweieinhalb Tage mit Fassung zu ertragen.

Erzurum, eine orientalische Stadt, lag bei meiner Ankunft tief im Schnee. Hochrädrige Kutschen, von Pferden gezogen, kämpften sich durch das Schneegestöber. Männer mit Turbanen waren auf dem Weg zu

In Erzurum lag bei meiner Ankunft bereits Schnee

Kaffeestuben. Ich hörte, daß die Paßstraße über den
Kaukasus wohl schon ziemlich bald gesperrt werden
würde – einige Lastwagen seien nämlich in die Schlucht
gestürzt. Doch bei der Straßenbauverwaltung versprach
man mir, das Motorrad im nächsten Lkw, der Streusalz
in die Berge brachte, mitzunehmen. Zwei Tage später
war es soweit: Die Fahrt über die Berge ging los. Bald
sah ich mit eigenen Augen die in die Schlucht gestürzten
Fahrzeuge, sah Schneepflüge und liegengebliebene
Lkws. Am obersten Punkt der Strecke wurde das
Streusalz samt dem Motorrad in einen Schuppen
gekippt, der Lkw fuhr zurück nach Erzurum. Ich blieb

allein zurück, hoch über den Wolken. Bald kam Nebel und hüllte alles ein. Zwei Stunden vergingen, kein Fahrzeug ließ sich blicken. Schließlich keuchte ein altersschwacher Lastwagen, mit Schneeketten ausgerüstet und bis obenhin mit Kohle beladen, den Berg herauf. Drei finstere Typen saßen in der Fahrerkabine, aber sie stoppten und halfen mir, das salzverkrustete Motorrad in den Kohlen zu verstauen. Dann klemmte ich mich als vierter Mann in das enge Führerhäuschen, und wir fuhren den Berg hinunter. Einige Stunden später erreichten wir eine kleine Stadt. In der Finsternis

Mit diesem LKW ging es in die Berge

sah niemand das Motorrad zwischen den Kohlen, als der Wagen auf die Waage rollte. Meine Reisegenossen hatten somit rund 200 Kilo „Kohle" mehr auf der Waage. Und dann kippten sie, ohne auch nur mit der Wimper zu zucken, das Motorrad auf die Kohlenhalde . . . Drei Wochen erst war ich Besitzer der Maschine! Glanz und Schönheit des Motorrades waren für immer dahin. Beulen, Schrammen, wohin ich auch blickte. Es war ein Graus . . .

Am nächsten Tag zeigte das Thermometer minus 40° Celsius. Alle 20 oder 30 Kilometer gab es eine Tankstelle, die – allen Sicherheitsbestimmungen zum Trotz – von einem rotglühenden Kanonenofen warm gehalten wurde. Dort versuchte ich mich so aufzuheizen, daß der stechende Schmerz in Händen und Kniescheiben nachließ. Dann kletterte ich wieder aufs Motorrad. Nach endlos langen Stunden tauchte endlich die türkisch-persische Grenze auf. Ich konnte kaum vom Motorrad steigen. Ein Zöllner hielt die Maschine. Im Kontrollgebäude vermochte ich nicht mehr, einen Bleistift zu fassen, um die übliche Deklaration auszufüllen. Ein Beamter tat es für mich. Der oberste Zollbeamte persönlich brachte ein Becken mit heißem Wasser, in das ich meine Hände tauchte, um Leben in sie zu bringen. Anschließend versuchte ich, im Schritt auf dem Motorrad fahrend, die Beine seitlich schleifen lassend, den nächsten größeren Ort in Persien zu erreichen. Drei

Finger meiner rechten Hand fühlten sich für die nächsten sechs Monate taub an. Von meiner Reise hatte ich inzwischen die Nase so ziemlich voll.

Mittlerweile war die Kälte nicht mehr so extrem, aber dennoch machte sie mir große Schwierigkeiten. Noch immer lag Schnee auf der Straße; der Wind blies mir Schwaden von stechenden Eiskristallen ins Gesicht. Doch alle Qualen des Winters haben einmal ein Ende. In der Nähe von Teheran hörte der Schnee auf der Straße auf; die große Stadt kündigte sich an, der Verkehr wuchs und verstärkte sich mit jedem Kilometer.

Straßenleben in Teheran

Dann tauchte Teheran auf. Ich wußte bereits, wo ich für die nächsten Tage mein Nachtquartier aufschlagen würde, denn Teheran verfügte über zwei Hotels, die von allen Travellern auf dem Wege zwischen Europa und Asien, hin und zurück, damals frequentiert wurden: das *Amir Kabir Hotel* und das Hotel *Ariana*. Aus Anschlägen am Schwarzen Brett der Hotels entnahm ich, daß Mitfahrer gesucht wurden, für dreißig Mark nach Delhi oder dreißig Mark nach Istanbul, oder neunzig Mark nach London. Auch Englischlehrer waren gefragt. Freunde hatten sich Nachrichten hinterlassen; Warnungen hingen an den Mitteilungstafeln über Betrüger in Meschhed und Halsabschneider in Herat, und eine Mitteilung besagte schlicht und einfach: „Sue, ich habe Dich hier verpaßt, Du findest mich in Bangkok im Hotel Atlantic Club." Hier war die weite Welt zu Gast.

Ein schwieriges Problem stand mir bevor: In zwei Tagen war Weihnachten. Es ist ein eigentümliches Gefühl, am Heiligen Abend allein in der Fremde zu sein. Das ist der einzige Moment, wo hartgesottene Traveller weich werden (soweit sie deutscher Herkunft sind). Die Nacht vom 24. auf den 25. Dezember verbrachte ich auf dem Fernmeldeamt. Um drei Uhr in der Früh, es war nach deutscher Zeit wohl Mitternacht vorbei, wurde ich mit Deutschland verbunden. Ich hörte die Stimmen meiner Eltern wieder und hatte ihnen nicht viel Positives zu vermelden. Das war also mein erstes Weihnachtsfest in einem Erdteil, der nicht Europa hieß. Drei weitere sollten folgen, aber davon wußte ich damals noch nichts.

Haschischraucher und Handelsherren

Eine oder zwei weitere Wochen vergingen. Kälte, ringsum nichts als Kälte . . . Auf einem Wegweiser las ich erstmals das sonderbare Wort „Afghanistan". Afghanistan war damals noch ein freies Land. Die ersten Afghanen hatte ich in Meschhed in Ostpersien gesehen: malerische Gestalten, bärtig, mit dem Turban auf dem Kopf, in weite Gewänder gehüllt. Sie brachten Felle nach Persien und kauften dafür Türkise, die sie in ihre Berge mit zurücknahmen. Ich näherte mich der afghanischen Grenze, als es schon dunkel wurde.

Als ich nach langem Suchen das Gebäude gefunden hatte, in dem die Grenzabfertigung stattfinden sollte, machte man mir unmißverständlich klar, daß die Grenze leider geschlossen sei, ich möge doch morgen wiederkommen. Als ob ich noch immer nicht begriffen hätte, fuchtelte man auch noch mit dem Gewehr vor meiner Nase herum, worauf ich schimpfend abzog. Ich fluchte lange und ziemlich lautstark auf Deutsch.

„Du nicht hier so schreien, du nicht hier allein", sagte plötzlich eine Stimme auf deutsch. „Kommen mit mir, ich hier Chef."

Der Mann, der mich angesprochen hatte, führte mich in das Zollgebäude. „Du hier sitzen", befahl er und zeigte auf den Fußboden, auf dem ein dicker Teppich lag. In der Ecke bullerte ein Kanonenofen, der eine Gluthitze ausstrahlte. Ich bekam eine Tasse Tee in die Hand gedrückt, glühend heiß auch sie. Außer mir und dem Chef befanden sich noch zwei oder drei Afghanen im Raum. Wir saßen im Kreis. Sobald ich meinen Tee ausgetrunken hatte, wurde neuer nachgegossen. Mit der Paßabfertigung hatte es der Chef nicht eilig.

„Woher können Sie eigentlich so gut Deutsch?" wollte ich wissen.

„In Kabul deutsche Schule", antwortete er. „Gute Schule. Lehrer prima, wie alle Leute aus Deutschland!"

Ich lächelte etwas verlegen. Der Chef klopfte mir wohlwollend auf die Schulter und versicherte mir: „Deutschland ist gut!" Die Umsitzenden nickten, obwohl sie sichtlich nicht verstanden, was wir beredeten. Doch mein Nachbar zur Linken hatte den Daumen der rechten Hand erhoben, machte das Zeichen für „prima" und sagte: „Hitler extraprima!" Dann bekam ich meinen Stempel in den Paß, auf die Zollkontrolle wurde großzügigerweise verzichtet – was hätte man auch in finsterer Nacht entdecken können? Elektrisches Licht gab es hier wie auch im übrigen Afghanistan nicht, und als ich in bitterer Kälte die Grenzstation verließ und die vielleicht hundert Kilometer entfernte Stadt Herat ansteuerte, machte ich ziemlich schnell auch Bekanntschaft mit einigen Eigentümlichkeiten dieses riesigen Landes, gerade noch rechtzeitig, um mich auf sie einstellen zu können: Afghanistan hat zwar so gut wie keine Autos und so gut wie keine Straßen, aber falls man in finsterer Nacht plötzlich ein Brummen neben sich hört, tut man gut daran, das Motorrad scharf auf die Seite zu lenken, egal, ob auf die rechte oder linke. Afghanische Lkws haben nämlich fast nie einen Scheinwerfer. Wie sich ihre Lenker zurechtfinden? Das bleibt deren Geheimnis. Ich war schon heilfroh, daß die Straße überhaupt weiterführte. Solange sie sich nicht in Nichts auflöste, bestand immerhin die Chance, daß ich mich noch auf dem richtigen Wege nach Herat befand. Übrigens, fast wäre ich in der Dunkelheit vorbeigefahren, ohne den Ort zu bemerken.

Das einzige Hotel im Ort war zu teuer, so daß ich mir eine Herberge suchte. Ich stolperte in ein Zimmer und knallte mein Gepäck in die Ecke. Aus der anderen Ecke sagte eine müde Stimme „hello" – ich hatte offenbar einen Zimmergefährten. Als ich ein Bett unter mir spürte, legte ich mich darauf und war in Minutenschnelle eingeschlafen. Wie ich am nächsten Morgen feststellte, teilte ich mein Zimmer mit einem Amerikaner, der sich in Bewußtseinserweiterung übte. Mittags, wenn ich meinen Fotoapparat zurückbrachte, lag er auf dem Bett, rauchte und meditierte. Abends, wenn ich die Zimmertür öffnete, um ein Buch zu holen, döste er vor sich hin, rauchte und antwortete erst auf dreimaliges „Wie geht's" mit einem müden „hello". Nachts, wenn ich von meinen Streifzügen durch das nächtliche Herat zurückkam, lag er angezogen bei Petroleumbeleuchtung auf dem Bett und schlief, neben sich die erloschene Wasserpfeife. Mal rauchte er Haschisch, mal diese Wasserpfeife, und zur Erholung auch amerikanische Zigaretten.

Das Nachtleben von Herat war nicht gerade aufregend. Die Stadt besaß zwei beleuchtete Reklameschilder. Auf dem einen stand „Agfa", es befand sich vor dem Hotel. Auf dem anderen stand ebenfalls „Agfa", nur daß es an der nächsten Kreuzung hing. Dazwischen war es finster, und man begegnete höchstens einem Polizisten, der sich langweilte. Im Reiseführer steht, daß Herat eine Stadt der Handelsherren ist. Das mag stimmen, und ich habe mich bemüht, eine Klassifizierung der Handelsherren durchzuführen. Ich glaube, meine Einteilung ist einfach, aber prägnant. Die ganz großen Handelsherren erkannte ich daran, daß sie mit einem mehr oder weniger neuen Auto mein Motorrad überholten, scharf bremsten, so daß ich in eine Staubwolke eingehüllt wurde, aus dem Auto stiegen und fragten: „Do you want to sell your motorcycle?" Die kleineren Handelsherren, den sogenannten Mittelstand, erkannte ich an der Art, wie sie die Türe ihres Geschäfts aufrissen, wenn ich vorüberging. Dazu sagten sie gewöhnlich: „Hello, my friend, come into my shop, please, drink a cup of tea with me. You want to sell your watch? I'll give you a good price." Die untere Schicht des Handelsherrenstandes, der sogenannte Nachwuchs, verriet sich durch die ungestüme Art, mit der er mit mir Geschäfte machen wollte. Einem Tauschgeschäft dieser Art entging ich beispielsweise eines Nachmittags, als drei Jünglinge im schulpflichtigen Alter mir meine Stiefel auszuziehen versuchten, um sie gegen die Sandalen des Ältesten von ihnen einzutauschen. Wild gestikulierend versuchte ich mir die Knaben vom Hals zu halten, worauf ein Droschkenkutscher hielt, der mein Geschrei als Ruf nach ihm mißdeutet hatte. Erst ein Polizist verscheuchte die Geschäftsleute, um mich anschließend zu fragen, ob ich Haschisch kaufen wolle.

Die Polizisten waren umgängliche Leute. Besonders einer, drei Kreuzungen von der Herberge entfernt, freute sich jeden Morgen auf mein Erscheinen. Er breitete die Arme aus, so daß ich stoppen mußte, obwohl ringsum kein Fahrzeug zu sehen war. Nach drei Minuten, wenn mir dieses Spiel zu dumm wurde, stieg ich vom Motorrad. Ich ging auf ihn zu, er ging auf mich zu – wir trafen uns auf halbem Weg und schüttelten uns die Hände. Anschließend gab er die Straße frei und ließ mich passieren.

Die Neuzeit war am Stadtrand vertreten, an der Bushaltestelle. Auf einem ungepflasterten Platz in einem unregelmäßigen Geviert standen die „Busse". Man versicherte mir glaubhaft, daß sie noch fahrbereit waren, und nicht nur die Fahrer dieser Vehikel, sondern auch die Fahrgäste versuchten, mich durch aufmunternde Rufe zu einer Mitfahrt zu animieren. Auf den Fahrgestellen war ein abenteuerlicher Kasten oder Fahrgastraum angebracht, der den Passagieren und ihren Körben Platz bot. Die Aufbauten dieser Busse, von einheimischen Tischlern zurechtgezimmert, waren über und über mit Szenen und Figuren aus verschiedenen Themenkreisen bemalt. Moderner Fortschritt und Technik nahmen einen bevorzugten Platz ein. Eine Stadt, die nur aus Wolkenkratzern und Betonpisten bestand, zierte einen vorsintflutlichen, klapprigen Überlandbus. Aber auch die Mythologie kam auf den Chassis der Lkws nicht zu kurz. Muskelstarke Männer rangen mit Löwen. Gottheiten aus dem indischen Raum ruhten unter Palmen. Auf einem Gefährt las ich zu meiner Verblüffung auch die Reklame einer Möbelfirma aus der Kantstraße in Berlin, und auf einem anderen Bus prangte der sinnige Werbespruch einer Bäckerei aus

Viersen am Niederrhein. Mir wurde plötzlich klar, weshalb ich auf meinem Weg nach Afghanistan so viele ausrangierte Busse der Deutschen Bundespost überholt hatte. Ich befand mich im Dorado der Gebrauchtwagenhändler.

Überhaupt stand der Handel mit Gebrauchtwaren hoch im Kurs. Riesige Berge von Jacken, Hosen und Hemden wurden hier zum Verkauf angeboten, während eine Ecke weiter ein Junge damit beschäftigt war, mit einem Blasebalg Glasscherben in eine glühende flüssige Masse zu verwandeln. Ein Mann mit Turban und Blasrohr stand daneben und fertigte durch langsames Drehen des Rohres herrliche kleine Gefäße, die in tiefem Blau leuchteten. Für mich schuf der Mann ein kleines Trinkglas, dünnwandig, durch viele Luftblasen gemustert, blau wie alle seine Erzeugnisse. Ich zahlte ihm die verlangten fünfzehn Pfennig und war ziemlich verzweifelt bei der Idee, diesen zerbrechlichen Gegenstand in mein Gepäck stecken zu müssen, wo er wohl den nächsten Tag nicht überleben würde. Ich schleppte das Glas dann jahrelang mit mir in der Welt herum. Es erreichte heil mit mir zusammen Deutschland und existiert noch heute.

Ich war schon den dritten Tag in Herat. Die Sonne tat mir gut; ich tankte Wärme. Ich unternahm ausgedehnte Spaziergänge, vorbei an riesigen Minaretts, die beziehungslos weit draußen vor der Stadt standen und von

*An jeder Straßenecke traf ich immer wieder neue verwegene
und malerische Gestalten*

Eins der riesigen Minarette weit draußen vor Herat

Timur und seinem Geschlecht gebaut worden waren. Ich wanderte weiter, an alten Windmühlen vorbei. Mauern umzogen das Grabmal Ansaris, des bedeutendsten Mystikers, Philosophen und Religionsstifters dieser Gegend. Im Inneren des Mauergevierts befand sich neben der Moschee ein Friedhof mit den Grabmälern der berühmtesten Köpfe dieser Glaubensrichtung. Einige alte Männer hockten dort, lehnten sich an die Grabsteine, wärmten sich in der Sonne und warteten auf den Tod. Ich war von der Stille, dem Frieden und der Anspruchslosigkeit, die Ort und Menschen ausströmten, zutiefst beeindruckt.

Am Grabmahl des Ansari

Mein Leben in Herat vollzog sich in einem fast idyllischen Rhythmus, der seine Akzente empfing durch meinen Besuch der *tschai khanahs,* der Teestuben. Meine täglichen Ausgaben beliefen sich in Herat auf zwei Mark. Für dieses Geld übernachtete ich, hatte zwei Mahlzeiten, und übrig blieben dann noch etwa 20 Pfennig als Taschengeld für Extraausgaben.

Doch eines Tages hat auch die schönste Idylle ihr Ende. Mich riefen die Weiten Afghanistans, ich wollte in Richtung Osten weiter vordringen in dieses märchenhafte Gebiet Zentralasiens. Ich bestieg mein Motorrad, und bald darauf lag Herat hinter mir. Nur selten kam mir ein Auto entgegen. Falls einmal Zeichen menschlicher Besiedlung auftauchten, so waren dies mit Schießscharten versehene Lehmburgen, weit am Horizont, am Fuße der Berge, manchmal auch in der Nähe, doch nie an der Straße. Fernes Hundegebell war der einzige Laut. Nach einigen hundert Kilometern begriff ich endlich, daß ich mich in einer wirklichen Wüste befand. Es war so einsam und still, so schrecklich still, daß ich einmal das Motorrad stoppte, mich an den Straßenrand setzte, um festzustellen, wieweit Stille wirklich still ist. Einen Laut zu vernehmen wäre unmöglich gewesen – woher hätte er denn kommen sollen? Doch mich erfüllte die Stille mit einem Sausen und Brausen, das unmöglich vom Wind alleine kommen konnte. Vielleicht ist die absolute Stille wirklich ein Brausen. Oder

Außer diesen Kindern traf ich kaum Menschen in der Wüste

das Ohr vermag nicht, sich mit absoluter Stille abzufinden. Die Umgebung nahm fast mythische Dimensionen an; ich befand mich in einer Landschaft, wie es auf unserer Welt nur mehr wenige gibt, einer Landschaft des Gerölls, des Sandes, der Leere.

Ich erreichte Kandahar ohne Zwischenfälle und fand auch gleich die mir zusagende Herberge. Auf einem buntbemalten Schild an einem Lehmgebäude las ich nämlich folgende vielversprechende Aufschrift:

Babaie Wale Hotel Happeniss Claen Badrowm Showar Chep Far Torest Gate Hirat Sentar Kandharafghanistan Maineger Abdul Sanmd.

Lehmburgen waren die einzigen Zeichen menschlicher Besiedlung

Vielleicht ist es gut, eine Übersetzung anzufügen: Das Hotel versprach Glückseligkeit und saubere Schlafräume, hatte eine Dusche und war angeblich für Touristen nicht zu teuer. Und der „Maineger", das war natürlich der Manager. Das Schild überzeugte mich. Dieser verführerischen Anpreisung konnte ich nicht widerstehen. Entschlossen betrat ich das Gebäude. Man wies mir ein idyllisches Gemach auf dem Dach zu, bestehend aus drei Lehmwänden und einem Stück Stoff als Türe anstelle einer vierten Wand. Der „Showar" existierte auch, es handelte sich um ein mit Wasser gefülltes Teerfaß. Mit einer Büchse schöpfte man das Wasser heraus und goß sich das labende Naß über das Haupt. Zu diesem Zweck stand man splitternackt auf der anderen Hälfte des Daches, für die ganze Stadt klar sichtbar.

Mit der Hygiene nahm man es in Kandahar eben nicht so genau. Die Hauswände wurden als Latrinen benutzt, vor allem des Abends, und tagsüber verrichtete man seine Notdurft in den Fluß. In meiner Herberge roch es nach Haschisch. Afghanen kneteten pausenlos die schmutzig-braunen plastilinartigen Haschischklöße. Man konnte das Zeug auch essen oder in den Tee kippen.

Doch noch eine andere Spezialität hatte Kandahar, genau wie Herat: die Antiquitätenläden. Diese Läden boten alles an, was Zentralasien einem Ausländer anzu-

Meine Luxusherberge in Kandahar

bieten hat – denn kein Einheimischer käme auf die Idee, ein nicht mehr funktionierendes Gewehr zu kaufen. In diesen kleinen Läden gab es manchmal bis zu zweihundert solcher Vorderlader, mit Metall und Einlegearbeiten verziert. Gewehre, wie sie wahrscheinlich noch heute dort hergestellt werden, und wie sie in Europa schon vor hundert Jahren nicht mehr gebräuchlich waren. Dazu gab es die passenden Pulverhörner aus punziertem Leder, in denen noch Original-Pulverrückstände zu finden waren, wenn man sie hart auf den Tisch stieß. Alle Arten von Münzen fanden sich in den Kästen, römische, griechische, afghanische, indische, garantiert echte, auch garantiert gefälschte. Zerbrochene Gebrauchsgegenstände und alte Schmuckstücke, Perlen aus Glas und aus anderem Material, Türkise, Ringe, Pfeifen, alte Musikinstrumente, alles gab es, wirklich alles. Ein Glück, daß ich auf meinem Motorrad gar nicht viel Platz hatte, um so viele verführerische Souvenirs zu befördern. Ich hätte sonst nicht gewußt, wo beim Kauf anfangen und wo aufhören.

Die Fahrt nach Kabul glich der nach Kandahar. Wüste links, Wüste rechts. Es war auch wieder kalt geworden, vor allem nach fünf Uhr nachmittags. Als ich Kabul erreichte, gefiel es mir gar nicht: grau und unansehnlich und kalt, mit einem schmutzigen Basar. Ich verließ Kabul schon nach einem Tag. Ich wollte dem Schnee entfliehen. Schon eine Stunde, nachdem ich

Kabul verlassen hatte, war ich in einer tiefen Schlucht angelangt, durch die ich mich mühsam hinunterschlängelte; und während oben am Rande der Schlucht Schnee lag, war es unten warm, richtig frühlingshaft warm. Ich hatte auf immer den Schnee verlassen.

Die ersten Vorboten des Khaiber-Passes tauchten auf: Forts auf den Bergketten, kleine Kastelle im Talgrund. Der Khaiber-Paß ist beileibe nicht ein steiler Gebirgspaß, wie sich das derjenige vorstellen möchte, der den Alexander-Zug und ähnliches aus den Schulbüchern in Erinnerung hat. Im Tal schlängelt sich eine von Österreichern gebaute Straße mit vielen Brücken und Viadukten, und gleich daneben tragen mindestens ebenso viele Brücken und Viadukte eine von den Engländern aus strategischen Erwägungen gebaute Eisenbahnstrecke. Die Grenzkontrolle war kurz und schmerzlos. Die pakistanischen Beamten wirkten wie englische Kolonialoffiziere, nur ein bißchen sonnengebräunter.

„Plopp – und dein Feind ist tot!"

Auf meinem Weg nach Peschawar passierte ich Ortschaften, die reinste Waffenlager waren. Viele Afghanen, die mich dauernd anzuhalten versuchten, machten keinen vertrauenerweckenden Eindruck. Dennoch erreichte ich ungeschoren Peschawar. Ein hellerleuchtetes Gebäude vor der Stadt (es gab wieder elektrisches Licht!) entpuppte sich als Jugendherberge, in der die Übernachtung fünfzig Pfennig kostete. Die Nacht war warm (vor allem, wenn man aus dem afghanischen Hochland kam), der Tee süß und mit Milch vermischt.

Mein Zimmer in der Herberge bestand aus vier kahlen Wänden und war mit einem Bettrahmen möbliert. Eine Glühbirne baumelte an einem langen Kabel von der Decke. Bettwäsche gab es nicht (gab es auch in den weiteren Monaten nicht). Ein Schloß, mit dem man die Türe sichern konnte, hatte ich bei mir. Das war so Vorschrift. Ich wußte, ich war in einem Gebiet, in dem man keinem mehr trauen sollte. Das störte mich nicht weiter. Ich schlief schnell ein, schlief gut und fest.

Am nächsten Morgen klopfte es um sieben Uhr an meine Zimmertür. Ich öffnete schlaftrunken. Herein trat ein Afghane, vor der Brust gekreuzte Patronengurte, in der Hand ein Gewehr, eine geflickte Jacke über die Schultern geworfen, einen Turban auf die buschigen Augenbrauen gedrückt. Er roch nach Tabak, Kraft und Gewalttätigkeit. Ich zog meine Bluejeans an, während es sich der Eindringling auf meinem Bettgestell bequem machte und aus seinen Taschen einen Tabaksbeutel fingerte.

„Ich bin gekommen, um mit dir ein Geschäft zu

machen", begann er in gebrochenem Englisch.

„Wieso mit mir?" Mir stand nicht der Sinn nach einem Geschäft.

„Weil ich von dir gehört habe, dein Motorrad gesehen habe. Ich glaube, du bist ein ernsthafter Mensch."

Sollte diese Bemerkung schmeichelhaft sein? Ich betrachtete den Mann mit wachsendem Mißtrauen.

„Hast du von den Ortschaften gehört", fuhr er fort, „die zwischen hier und der afghanischen Grenze liegen? Sie werden von keiner Regierung kontrolliert, dort gibt es keine Polizei."

„Ich weiß", log ich.

„Hör gut zu", er stand auf und schlug sich stolz an die Brust, „ich besitze dort vier große Haschischplantagen. Hanf – you know?"

Mir ging ein Licht auf. Er setzte sich wieder aufs Bett und rückte vertraulich näher.

„Du gibst dich sicherlich nicht gerne mit kleinen Fischen ab, deshalb werde ich dir gleich ein vernünftiges Angebot machen."

Als ich nichts darauf erwiderte, fuhr er fort: „Soeben wird ein Lkw beladen. Du verstehst . . . Er ist mit doppeltem Boden ausgerüstet. Ich brauche nur noch einen zweiten Mann, der sich an dem Coup beteiligen will."

Ich schaute ihn ungläubig an – seine Geschichte kam mir gar zu orientalisch vor.

„Ich werde dich mit einem zweiten Deutschen zusammenbringen, der sein Geld ebenfalls in den Transport investiert hat."

„Ich fürchte, ich bin da nicht der richtige Mann für Sie", erwiderte ich. „Außerdem fahre ich in die andere Richtung. Nach Indien."

Der Afghane klatschte in die Hände. „Das ist bedauerlich", bemerkte er mit veränderter Stimme. Dann zündete er sich eine neue Selbstgedrehte an. Er musterte mich eine Weile und machte mir, diesmal etwas von oben herab, einen anderen Vorschlag. Er hielt mich augenscheinlich nicht mehr für den großen Geschäftsmann. Als Kleinverbraucher bot er mir jetzt Sandalen an, auch die selbstverständlich mit doppeltem Boden. Die Sandalen, erläuterte er mir, hätten sich in jüngster Zeit recht gut bewährt bei den Schmugglern.

„Hunde", meinte er beruhigend, „werden an den hiesigen Grenzen nicht eingesetzt. Und was die Qualität des Haschischs betrifft, so ist sie ganz hervorragend", versicherte er mir. „Ich pflanze nur beste Sorten an und vermische sie nicht mit minderwertigen."

Dann lud mich der Afghane zu einer Besichtigung seiner vier Plantagen ein. Aber auch dadurch wurde mein Geschäftssinn nicht geweckt. Statt dessen kehrte ich den Musterknaben heraus: „Ich bin gegen Dinge, die meine Reaktionsfähigkeit herabsetzen, und somit auch gegen Haschisch. Schließlich bin ich in einer nicht ungefährlichen Gegend", fügte ich fast entschuldigend hinzu.

Der Mann schaute mich lange und nachdenklich an. „Auf deine Art hast du vielleicht sogar recht. Glücklicherweise können wir doch noch ein Geschäft miteinander abschließen, denn du hast gesagt, daß du auf dem Weg nach Indien bist."

Was hatte er denn nun wieder vor?

„Die Inder, das weiß die halbe Welt, sind gefährliche Burschen, heimtückisch und verschlagen", fuhr er fort. „Du brauchst zum Schutz eine Waffe. Eine Waffe, die du leicht verstecken kannst." Auf diesen Gedanken war ich bisher nicht gekommen. „Es ist dir doch klar, daß du dein Geld gut anlegst, wenn du eine spanische Schußwaffe, Marke Llama, kaufst."

Als ich ihn ungläubig anstarrte, zog er das Schießeisen, wahrscheinlich in den Waffenschmieden einer nahegelegenen Ortschaft entstanden, aus der Tasche. Der Preis, den er mir dafür nannte, lag bei etwa 40 Mark. Aus schmierigen Tüchern wickelte er zwei weitere Waffen, schwarz und feucht von Öl. Ich befand mich in einer brenzligen Lage. Der Herbergspächter stand in Verbindung mit dem Waffenhändler, eine weitere Menschenseele hier draußen konnte ich nicht entdecken. Meine Mitwisserschaft konnte dem Mann unangenehm werden, falls er mich nicht als Kunden gewann. Ich versuchte, die Diskussion mit einem, wie mir schien, überzeugenden Argument zu beenden.

„Ich bin Student", erklärte ich ihm. „Ich kann nur mit Schreibgeräten umgehen, aber nicht mit Waffen." Ich merkte wieder einmal fünf Sekunden zu spät, daß ich meinem Besucher damit ein Stichwort geliefert hatte.

Er zog nämlich zu meiner grenzenlosen Verblüffung einen Füllhalter aus den Falten seines Überwurfes, zumindest ähnelte das Gerät einem solchen.

„Schau her. Diesen Füller mußt du im Gespräch nur auf dein Gegenüber richten und ein bißchen daran drehen. Dann macht es plopp – und dein Feind ist tot."

Ich starrte ihn mit offenem Mund an. Er richtete seinen Füller auf mich, tat so, als drehe er an ihm herum, dann lachte er laut auf und steckte ihn wieder ein.

„Vierzig Rupien", sagte er, „fourty rupees."

Zwölf Mark also. Ich bat den Mann vorsichtig, mir etwas Zeit zu geben bis morgen, um mir die Sache durch den Kopf gehen zu lassen.

„All right, all right", sagte der Afghane, „you are a good man. Aber India ist gefährlich, believe me. Very dangerous!"

Dann verließ er mich, nicht ohne mir versprochen zu haben, am nächsten Tag wiederzukommen. Kaum war er weg, warf ich mein Gepäck aufs Motorrad und machte, daß ich von hier verschwand. Zehn Minuten später hatte mich das Gewimmel von Peschawar verschlungen.

Tausche Motorrad gegen Märchenerzähler

Peschawar, die Hauptstadt einer Provinz Pakistans, die fast ausschließlich von Afghanen bewohnt ist, war voller Gerüche. In den Vorbezirken, dem sogenannten Cantonement, dominierten die Kolonialgebäude der Engländer. Hier erstreckten sich breite Straßen, von blühenden Büschen und Bäumen gesäumt, deren Blüten einen angenehmen und verheißungsvollen Duft verströmten. In der Altstadt aber gab es in den engen Gassen offene Kanäle, in denen eine ekelerregende Brühe träge dahinschwamm und einen pestilenzartigen Gestank ausströmte. Die Menschen, die intensiven Geräusche und Gerüche begannen mich zu bedrücken. Ich quälte mich durch die Gassen und fühlte mich matt. Schließlich stellte ich fest, daß ich Fieber hatte. Ich überstand das Fieber nach zwei oder drei Tagen, ohne mich ins Bett gelegt zu haben (in welches Bett denn auch?), und hatte mich auf diese Weise gegen eine der vielen Krankheiten, für die der Orient berüchtigt ist, immunisiert. Später, als ich Pakistan verlassen, ein weiteres Mal Fieber gehabt und mich offenbar gegen eine weitere Krankheit, oder vielleicht auch zwei,

immunisiert hatte, konnte ich sogar das Wasser unabgekocht trinken. Nie mehr auf der weiteren Reise bekam
ich Fieber, wurde ich krank.

Mit Pakistan begannen die Länder, in denen Briefe
und Karten, bevor sie in den Kasten geworfen werden,
vom Postbeamten abgestempelt werden mußten, sonst
wurden die Briefmarken unweigerlich von den unterbe-
zahlten Postangestellten abgelöst und die Briefe wegge-
worfen. Schließlich entsprach das Porto für zehn Briefe
dem Tageslohn eines Postbeamten. Andererseits gab es
hier wieder feste Tarife. Die afghanischen Zeiten waren
vorbei, wo der Postmeister jeden Brief mit der Hand
wog und einem einen individuellen Preis zudiktierte,
einen Preis, dessen Höhe sehr unterschiedlich ausfallen
konnte, je nach Laune des Postgewaltigen.

Auch die ersten Bettler des Subkontinents lernte ich
hier kennen. Die pakistanischen Bettler gaben mir einen
ungefähren Begriff davon, was ich noch zu erwarten
hatte. Elend rüttelt zunächst auf, läßt aber später kalt,
einfach deshalb, weil das Elend millionenfach auftritt.
Bereits nach kurzer Zeit schimpfte ich genauso über die
„aufdringlichen" Bettler, wie es die anderen Europäer
taten, denen ich immer Arroganz und innere Härte
vorgeworfen hatte. Dieses unerhörte Ausmaß an
Krankheit, Schmutz und Armut konnte ich nur ertragen, wenn ich einen Schutzwall aus Gleichgültigkeit
aufbaute. Sonst wäre ich daran kaputtgegangen.

Zwei Tage später saß ich erstmals in einem der von den Engländern erbauten *rest-houses*. Dank der massiven Mauern sind sie selbst bei glühender Hitze angenehm kühl. Gebaut wurden sie als Unterkunft für die Beamtenschaft, die sich auf Dienstreisen befand. Ich saß unter einem Ventilator, wiegte mich wie ein reicher Mann in einem Schaukelstuhl und las ein hochinteressantes Buch, einen 1968 in England gedruckten Reiseführer über Indien und Pakistan. Das Buch hatte noch das Vorwort der ersten Auflage (um 1890) übernommen. So hatte ich die seltene Gelegenheit, mich darüber belehren zu lassen, wie ein echter englischer Gentleman des viktorianischen Zeitalters sich im indischen Raum zu bewegen und wie er sich zu kleiden habe. Für ein nur einigermaßen erträgliches Leben unentbehrlich waren folgende Diener: ein Träger für schwere Lasten, ein Wasserträger (Bhisti), ein Koch und ein Sweeper, also ein Mann, der kehrt und Staub wegwischt. Für einen einfachen Europäer, und für einen solchen hielt ich mich, war es „essential", zumindest drei dieser aufgezählten Begleiter zur persönlichen Verfügung zu haben, die nötigen Unterkünfte von Europa aus reservieren zu lassen, Proviant und Ausrüstung bei sich zu haben, deren Gewicht nicht einmal vier Elefanten hätten tragen können. Staunend begriff ich, wie sehr sich die Welt in einigen Jahrzehnten gewandelt hatte. Mittlerweile genügte die weiße Hautfarbe, daß auch Leuten wie mir,

Blick von einem Minarett auf Lahore

nebst einheimischen Regierungsbeamten, die Benut-
zung dieses altmodischen, doch nützlichen Überbleib-
sels britischer Kolonialverwaltung gestattet wurde.

Ich war bereits eine Woche in Pakistan, als ich die
faszinierendste Stadt des Landes erreichte: Lahore. Ich
quartierte mich in einem nicht übermäßig teuren Hotel
in der Bahnhofsgegend ein. Die 2-Millionen-Metropole
Lahore war von Anfang an darauf bedacht, sich mir von
der sympathischsten Seite zu zeigen. Es gab faszinie-
rende Moscheen und die überwältigende Sicht auf die
Stadt, wenn man auf ihre Minarette kletterte.
Geschichtsträchtig war der Boden des Roten Forts, der
alten Residenz der Moguln. Und im Handumdrehen
schaffte ich es bereits am ersten Tag, mir meinen Magen

Moschee in Lahore

durch die tausenderlei Süßigkeiten, die die Händler bereithielten, zu ruinieren.

In den verwinkelten Gassen der Altstadt entdeckte ich ein Badehaus, das mir das erste heiße Bad seit Wochen bescherte. Anschließend fühlte ich mich wie im siebenten Himmel. Auch das Hotel war keineswegs übel, es war sauber, hatte einen Ventilator und verfügte über eine Küche, die der afghanischen weit überlegen war.

Gleich um die Ecke hatten nicht nur die Gaukler von Lahore regen Zulauf, die giftiges Gewürm und Brillenschlangen mit ihren Flöten becircten, sondern auch der halbwüchsige Bursche, der gegen Trinkgeld einen

Schlangenbeschwörer bei der „Arbeit"

Affen, den er an der Leine führte, Handstand machen und salutieren ließ. Die große Attraktion von Lahore befand sich aber in der Halle des Hotels *Shabistan* und bestand – aus meinem Motorrad.

Wenn ich von meinen Streifzügen durch Lahore ins Hotel zurückkam, empfing mich dort regelmäßig eine Schar potentieller Motorradkäufer. Ich hatte den Portier gebeten, die kaufwilligen Enthusiasten abzuwimmeln. Als dennoch immer wieder schon um sieben Uhr früh Käufer an meine Herbergstür klopften und ich den Portier deshalb zur Rede stellte, erklärte dieser empört, ohnedies nur solche Interessenten zu mir durchgelassen zu haben, die ihm ein entsprechendes Bakschisch gegeben hatten. Mit aller Deutlichkeit erklärte ich dem Portier, daß ich keinen kaufwütigen Pakistani mehr zu sehen wünschte. Wer beschreibt jedoch mein Erstaunen, als ich am nächsten Morgen um sechs Uhr früh durch ein Geräusch in meinem Zimmer erwachte und zwei fremde Männer dort erblickte. Der Portier stand in der geöffneten Tür.

„Sahib, bitte packen und mit den Männern gehen", stammelte er aufgeregt. Ich zog meine Bluejeans an, blickte grimmig in die Runde, steckte meine Hände in die Hosentaschen und schwieg. Ich war neugierig, was das nun wieder zu bedeuten hatte. Der Portier trat an mich heran.

„Die Männer Diener im großen Hotel, dort drüben",

flüsterte er mir zu und zeigte durch das Fenster auf das gegenüberliegende Luxushotel. „Chef von Hotel Millionär. Er Sie einladen, dort wohnen, so lange wollen."

„Wie komme ich zu dieser Ehre?" Ich wurde immer mißtrauischer.

„Schwager von Chef solche Maschine wie Sie! In ganz Pakistan nur eine solche Maschine."

Als sich meine Miene nach dieser Erklärung sichtlich entspannte und ich, auf diese Weise endlich weichgemacht, meine Habseligkeiten gepackt hatte, verließ ich mit großer Dienerschaft, die das Gepäck trug, dann doch meine Herberge und zog ins viel vornehmere Nachbarhotel.

Lachend schlug mir der Hotelier auf die Schultern, als ich mich dort ein weiteres Mal nach den Bedingungen für das Gratis-Quartier erkundigte. Die einzige Gegenleistung, um die man mich bat, war, jeden Abend dem Hotelbesitzer mein Motorrad für eine Stunde zu überlassen. Wo er nun allerdings in dieser Stunde, in Begleitung seines Schwagers auf der anderen Maschine, damit herumbrauste – das habe ich nie in Erfahrung gebracht.

Für mich aber begann eine üppige Zeit. Meine neuen pakistanischen Freunde besaßen Fabriken, Hotels, Kinos, ja sogar eine Buslinie. Ihren Reichtum versteckten sie nicht, sie zeigten ihn. Vielleicht war das der Grund, weshalb sie mir ein Auto mit Fahrer zur Verfügung stellten. Ich wollte aber kein Auto haben.

Nützlicher war mir der Diener, ein alter Mann, den man mir als Begleiter mitgab. Er sollte mich in die Umgebung der Stadt führen, zu den Shalimar-Gärten im Osten, den Mogul-Grabdenkmälern im Nordwesten, weit jenseits des Flusses Ravi. Und wenn ein Eintritts- oder Trinkgeld zu zahlen war, zückte der Diener mit strenger Würde seinen altmodischen Geldbeutel und hörte nicht auf meinen Protest.

Ausgerechnet jetzt, da Lahore mich mit lukullischen Spezialitäten zu locken versuchte, begann mein Magen gänzlich zu streiken. Meine diversen Gänge durch die Süßwarenläden der Altstadt rächten sich mehr und mehr. Die sanitären Verhältnisse dort waren mit Sicherheit nicht auf Europäer zugeschnitten. Die Bewohner der Altstadt benutzten auch tagsüber ungeniert die Kanäle als Toiletten. Daß die Stadt dennoch nicht in den Abfällen erstickte, verdankte sie einer recht merkwürdigen Einrichtung: der Müllabfuhr durch Vögel. Ganze Scharen von Vögeln stürzten sich vom Himmel, ohne von den Menschen Notiz zu nehmen, schnappten sich die Überreste und Abfälle eines nahen Fleischerladens oder einer Garküche und trugen sie davon. Lahores Abfallhaufen, soweit es um verwesliche Stoffe ging, lösten sich buchstäblich in Luft auf.

Außerhalb der Altstadt lagen die von den Engländern angelegten Viertel mit ihren breiten Straßen, den alten Hotels und Residenzen, den Backstein-Kathedralen, den im Kolonialstil erbauten Schulen, Gerichtshöfen und Kasernen. Damals war Rudyard Kipling Redakteur in Lahore gewesen, hatte zwischen seinem 17. und 22. Lebensjahr Kurzgeschichten aus dem Alltag der Stadt geschrieben. Für eine regelmäßige Zeitungsrubrik unter Zeilenzwang stehend, hatte Kipling zu dem dichten Stil gefunden, der ihm später zu Weltruhm verhelfen sollte.

Im Hotel wartete ein ganz anders gearteter Geschichtenerzähler auf mich, der Hotelmanager. Diesen armen Kerl hatten meine Freunde, die Besitzer des Etablissements, dazu verdonnert, mir beim Speisen Gesellschaft zu leisten. Das heißt, er *durfte* aus Höflichkeit, ich *konnte* aus Übelkeit nichts essen. Wir saßen uns gegenüber – er sollte mich unterhalten und wußte nicht wie. Anders als die gebildeten Pakistani, die meist besser Englisch als ihre Landessprache Urdu sprechen, tat er sich mit Englisch schwer. Ich aber kannte keine Gnade. Was blieb ihm übrig, als sich in sein Schicksal zu fügen, auch wenn sein Englisch nur für pakistanische Kindermärchen reichte. Immerhin: jeden Abend erzählte mir der Geplagte zwei oder drei neue Märchen.

Als ich vor knapp acht Wochen – mir kam es allerdings wie eine Ewigkeit vor – Deutschland bei Nacht und Nebel, bei Eis und Schnee mit zweitausend Mark in der Tasche verlassen hatte, mußten mir da nicht alle, denen ich von meiner „Weltreise" erzählte, mangelhaften Sinn für die Realität vorhalten? Wer von ihnen würde wohl der neuesten Kunde glauben, nach der ich in Lahore wie ein orientalischer Prinz lebte, mit Dienern und eigenem Märchenerzähler? Obwohl ich mir in dem ungewohnten Überfluß selber wie in einem Märchen vorkam, besorgte ich mir eines Tages heimlich den Erlaubnisschein für den Grenzübertritt nach Indien. Nur mit einer solchen Erlaubnis konnte ich an die Weiterreise denken. Als ich mich dann verabschieden wollte, waren meine Freunde tödlich beleidigt. Fast noch mehr als der Gedanke, daß ich zu ihren Feinden, den Indern, wollte, kränkte sie die Tatsache, daß ich auf diese Weise das Drachenfest in Lahore versäumen würde. Da dieses Fest immer am 31. Januar stattfindet, ließ ich mich überreden, die paar Tage bis dahin noch in Pakistan zu bleiben.

Man schätzt, daß jeden 31. Januar zwischen fünf und zehn Todesopfer zu beklagen sind. Eine relativ kleine Zahl, wenn man bedenkt, daß die gesamte männliche Bevölkerung zwischen fünf und neunzig Jahren, schätzungsweise also eine Million Menschen, auf den Dächern von Lahore versammelt ist. Längst war verabredet worden, auf welchem Dach man sich treffen wollte. Auf unserem zählte ich rund dreißig Leute, jeder von ihnen hatte bis zu siebzig Drachen bei sich. Speisen waren längst vorbereitet, Kästen mit Getränken hinaufgeschleppt worden.

Wenn auf engstem Raum Hunderte von Drachen in

die Lüfte steigen, müssen sich ihre Schnüre unweigerlich verheddern. Die Fertigkeit des Wettspiels besteht
darin, durch hartes Rucken an der Leine nicht die
eigene, sondern die Schnur des anderen Drachens zu
zerreißen. Länger als zehn bis zwanzig Minuten gelingt
es meistens nicht, einen Drachen in der Luft zu halten.
Hat man während dieser Zeit vier oder sogar fünf
feindliche Drachen zum Absturz gebracht, herrscht
Siegesstimmung auf dem Dach. Die viereckigen oder
trapezförmigen Drachen werden von professionellen
Herstellern gefertigt und tragen oft die Farben politi-
scher Parteien. Sportsgeist, Spaß, Politik und erbitterter
Ernst herrschen an diesem Tag auf den Dächern von
Lahore.

Im Goldenen Tempel

Am nächsten Nachmittag passierte ich die Grenze nach
Indien.

Naiverweise hatte ich erwartet, daß die Welt um mich
herum nun eine andere werden würde. Doch die Landschaft war dieselbe geblieben. Auch hier hieß sie Pandschab: ein paar Hügel, frisches Frühlingsgras, spärlich
nur, braunen Stellen Platz lassend. Ein paar Bäume, auf
einem davon wie üblich ein Geier auf Ausschau. Ein

paar Menschen zu Fuß auf der Straße. Einige Unterschiede gab es allerdings doch. Populäres Massenverkehrsmittel waren in dem relativ wohlhabenden Pakistan die Motor-Rikschas. Hier, in Indien, traten Kulis in die Pedale von Fahrrädern. Doch ansonsten fiel die Armut nicht gleich ins Auge. Die Menschen waren allerdings malerischer geworden. Und plötzlich wußte ich es: Die Inder um mich herum waren in der Mehrzahl Sikhs, Angehörige einer Religion, über die ich viel gelesen hatte. Sie trugen Turbane und hatten Ehrfurcht einflößende Bärte: silberne Bärte die Greise, sorgfältig gepflegte Bärte die Jüngeren. Ihre Gesichter waren von Wind und Wetter gegerbt, was ihnen ein verwegenes Aussehen gab.

Ich erinnerte mich dunkel, von den Kämpfen gelesen zu haben, die die Sikhs und ihre Anführer im vorigen Jahrhundert den Engländern, und in diesem Jahrhundert den Pakistani geliefert hatten. Mir fiel auch der Ausspruch eines weitgereisten Freundes ein, daß die Mentalität der Sikhs der europäischen sehr nahekommt. So wollte ich das religiöse Zentrum der Sikhs, Amritsar, unbedingt kennenlernen.

Es wurde schon Abend, als ich endlich die Stadt der Sikhs erreichte. Ich befand mich gerade auf dem Weg ins Zentrum, als vor mir ein VW-Bus mit Schweizer Kennzeichen stark bremste. Außer einigen Schweizern sprang auch ein Sikh aus dem Auto, eilte auf mich zu

Volksrepublik **China**

HERAT
KABUL
Afghanistan PESHAWAR
RAWALPINDI
KANDAHAR AMRITSAR
LAHORE JULLUNDUR
CHANDIGARH AMBALA
DELHI
JAIPUR MATHURA
AJMER
UDAIPUR VARANASI
(Benares) PATNA
Himalaya
Nepal
Sikkim
Bhutan
GANGTOK
BHAGALPUR
KARACHI
I n d i e n
Bangla
Desh
AHMADABAD VADODARA
(Baroda)
SURAT MALEGAON JABALPUR
NASIK NAGPUR KHARAGPUR **KALKUTTA**
BOMBAY AURANGABAD
AHMADNAGAR
POONA **HYDERABAD**
KOLHAPUR CUTTACK
BELGAUM BERHAMPUR
PANAJI
(Goa) HUBLI VISHAKHAPATNAM
RAJAHMUNDRY
VIJAYAWADA
ONGOLE
NELLORE
BANGALORE **MADRAS**
MYSORE
COIMBATORE SALEM PONDICHERRY
NAGAPPATTINAM
ALLEPPEY TIRUCHIRAPALLI
QUILON MADURAI
TRIVANDRUM ANURADHAPURA
NAGERCOIL KURUNEGALA
KANDI
COLOMBO Sri
GALLE Lanka

I N D I S C H E R   O Z E A N

INDIEN

—— REISEROUTE
• STADT
-·-·- STAATSGRENZE
～ FLUSS

0 200 400 600 800 1000 km

PAKISTAN INDUS GANGES

und umarmte mich fröhlich.

„Herzlich willkommen in Amritsar", rief er mir auf englisch zu. So begann meine Bekanntschaft mit Amarjit.

Ich bezog dieselbe Herberge, die bereits die Schweizer bewohnten: das Gästehaus der Sikhs am Goldenen Tempel. Unterkunft wird überall, wo es Sikhs gibt, umsonst und zeitlich unbeschränkt gewährt, im jeweiligen Gästehaus, in kleineren Orten auch im Tempelgebäude selber. Verpflegungsprobleme tauchen infolge der *free kitchen* gar nicht erst auf, wo Mittag- und Abendessen für alle Mitglieder der Sikh-Gemeinschaft sowie deren Gäste kostenlos ausgegeben werden. Die Sikhs spenden einen großen Teil ihrer Einkünfte für karitative Zwecke; die Gemeinschaft läßt niemanden im Stich. Die materiell Schwächeren werden von den Wohlhabenderen mit durchgezogen.

Bevor ich den Tempelbezirk betrat, zog ich wie alle anderen meine Schuhe aus. Dann stellte ich mich zu der Menschenmenge, die in einem riesigen gewölbten Raum auf die Essensausgabe wartete. In einem Blechgefäß wurde ein undefinierbares aber stark gewürztes Gemüsegericht serviert. Man aß, auf dem Boden sitzend, mit den Händen; das Fladenbrot diente als Löffel. Vor mir saß eine weitere Reihe von Essern, desgleichen hinter mir. Man konnte sich so oft nachholen, wie man wollte, keiner sollte hungrig bleiben. Gleich nebenan

Eingang zum Goldenen Tempel in Amritsar

wurde auf riesigen Ofenplatten Brot bereitet, Chapatty.
Schweißgebadete Hünen schürten das Feuer. Und in
einer anderen Ecke waren die Süßspeisenköche an der
Arbeit: Sie bereiteten die Süßigkeiten zu, die anschließend im Tempel selber an die Pilger verteilt wurden.

Der Goldene Tempel, die Hauptattraktion der ganzen Umgebung, lag inmitten eines Sees, im Zentrum der
Stadt, und war durch einen Steg aus weißem Marmor
mit dem Ufer verbunden. Am Anfang des Stegs waren
Sikhs postiert, die über Ordnung und Sitte zu wachen
hatten. Wehe, wenn sie einen Fotoapparat entdeckten!

In der Luft lagen die Gerüche von Gewürzen, und die Blumen erzeugten einen Duft, der alle Geheimnisse des Orients verhieß. Vergoldete Laternen säumten den Steg, den die Besucher barfuß zu überqueren hatten. Nachdem sich die mit Silber beschlagene Eingangstür hinter uns geschlossen hatte, betrat ich inmitten festlich gekleideter Sikh-Pilger – die Frauen in seidenen Gewändern, die Männer in seidenen Jacken, bunte Turbane auf dem Haupt – das Innere. Im östlichen Teil des Tempelraumes lag das Heilige Buch (oder Adi Granth) unter einem Baldachin auf Kissen und Tüchern, bedeckt von zahllosen Blüten. Der Hohepriester saß daneben und fächelte mit einem Fliegenwedel, um imaginäre Fliegen und Mücken zu verscheuchen. Die Pilger warfen Blumenketten, Gaben, auch Geldscheine, auf ein weißes Laken innerhalb einer niedrigen Umzäunung aus poliertem Messing, dann setzten sie sich mit untergeschlagenen Beinen auf den Boden. In der Nähe saßen die Musikanten, ältere Sikhs, von denen einige blind waren. Sie spielten auf altertümlichen Saiteninstrumenten und sangen zu den Melodien Texte aus alten Zeiten. Sie sangen vom frühen Morgen bis spät in die Nacht. Ihr Gesang drang weit über den Teich. Die Pilger, rauhe Männer mit Eisenarmbändern und Dolchen, den Insignien ihrer Gemeinschaft, summten leise mit. Sie und ihre in wundervolle Saris gekleideten Frauen überreichten den Priestern Blütenketten und erhielten als Gegengabe andere Ketten aus Blüten. Ich saß inmitten der Kostbarkeiten des Tempels und war von den Düften und dem betörenden Klang der Musik wie berauscht. In den oberen Räumen des Tempels, die durch Arkaden mit dem unteren Hauptraum verbunden waren, saßen Gelehrte mit langen, weißen Bärten und lasen halblaut in riesigen Exemplaren des Heiligen Buches. Wenn sich ihnen ein Pilger näherte, sangen sie den Text, um ebenso schnell wieder zu verstummen, wenn er vorbeigegangen war. Welch eine Ernüchterung, aus dieser Wunderwelt wieder hinauszutreten in das gleißende Tageslicht des nachmittäglichen Amritsar!

Ich ging ins angrenzende Basarviertel, wo Afghanen und Kaschmiri aus den Bergen sowie Händler aus der südlich angrenzenden Ganges-Ebene vor ihren winzigen Lädchen saßen und eine Vielfalt von Waren aus ganz Zentralasien feilboten. Dazu zog der süßliche Duft von Räucherstäbchen durch Tempel und Privathäuser, Geschäfte und Küchen.

Am zweiten Abend – die Schweizer waren soeben abgereist – kam Amarjit und fragte mich, ob ich die Prozession sehen wolle, in der gegen halb elf Uhr nachts das Heilige Buch vom Inseltempel über den Steg zum Festland gebracht werde, was ich mir natürlich nicht entgehen lassen wollte.

Pünktlich um halb elf fand ich mich am Tempel ein, wo bereits eine kleine Gruppe von besonders frommen

Sikhs wartete. Die Musikanten, die bis dahin ihre Melodien im Inneren des Tempels gespielt hatten, traten vor den Tempel. Das Heilige Buch lag auf einem Tragegestell, das mit einem Baldachin versehen war, und wurde nun von der gläubigen Menschenmenge langsam und unter Gesang über den Steg gebracht, immer drei Schritte vorwärts und einen zurück. Da jeder Sikh das Heilige Buch tragen helfen wollte, vollzog sich während der Prozession ein ständiger Wechsel der Träger. Auch ich durfte mich, für ungefähr eine Minute, als Träger betätigen. Anschließend hängte mir der Priester eine Blumenkette um. Mir – als Nicht-Sikh – war damit eine große Ehre widerfahren! Das Licht der Fackeln, die Musik, die Gestalten der Sikhs, die, wie von Trunkenheit erfaßt, hin und her schwankten, drei Schritte vor, einen Schritt zurück, das taumelnde Tanzen, die Widerspiegelung im Wasser rund um die merkwürdige Prozession – das waren Szenen, die wirklich und wahrhaftig aus Tausendundeiner Nacht entlehnt waren.

Inzwischen war ich das Opfer von Amarjits unermüdlicher Betreuung geworden. Ausländer hatten es diesem schlechtbezahlten Lehrer an irgendeiner Vorortschule angetan; sie brachten den Duft der weiten Welt in seine bescheidene Behausung. Den einen oder anderen von ihnen nahm er sogar in sein Heimatdorf mit, wo die Eltern lebten, einfache Bauern. Auch ich

Amarjit weicht mir nicht von der Seite

verbrachte einen Abend auf dem Dorf und war nur verwundert, als mein Beförderungsmittel, das Motorrad, für die Nacht am Beförderungsmittel der Gastgeber befestigt wurde – einem Esel.

„Unser Esel ist ein braves Tier, er wird deinen Besitz nicht aus den Augen lassen. Unsere Diebe haben keine Chance", belehrte mich Amarjit. So war es denn auch; niemals hat jemand gewissenhafter über mein Eigentum gewacht als damals jener Esel.

Voller Stolz zeigte mir Amarjit sein dickes Heft mit Adressen von Ausländern. Er war schon eine Touristenfalle besonderer Art! Es war unerklärlich für mich, wie seine Schüler es fertigbrachten, mich in der großen Stadt zu lokalisieren. Wo ich auch war, immer stand plötzlich und wie aus dem Boden gewachsen ein kleiner Junge vor mir, der mir stumm einen Zettel hinreichte. Auf dem war dann meist ein Treffpunkt vermerkt nebst dem Hinweis: „Ich habe dir etwas Wichtiges mitzuteilen." Immerzu hatte er mir „etwas Wichtiges mitzuteilen". Diese Bevormundung hatte ich langsam satt, ich wollte abreisen. Doch ich hatte meine Rechnung ohne Amarjit gemacht. Pünktlich zur Abfahrtszeit tauchte er, mit einem Campingbeutel in der Hand, auf und erklärte, er wolle mich ein Stück begleiten, mir drei Tempel zeigen, die auf der Straße nach Delhi lägen. Ich müßte aber in spätestens drei Tagen in Delhi sein, erinnerte ich ihn. Ja, ja, nichts leichter als das, gab Amarjit zur Antwort.

Also fuhren wir los. Amarjit saß, zwischen mich und das Gepäck geklemmt, auf dem Rücksitz. Den Rucksack, der sonst dort lag, trug er auf dem Rücken; seinen Campingbeutel mit den Reiseutensilien hatte ich mir um den Hals gehängt.

„Du hast doch gesagt, daß dein Motorrad genau 167 Kilometer pro Stunde schafft", sagte Amarjit.

„Das schon", meinte ich, „aber ohne dich."

„Dieser Fiat da vorne", rief Amarjit aufgeregt, „hast du das Gesicht von dem Fahrer gesehen? Der glaubt, daß du ihn nicht überholen kannst."

„Das wäre ja auch gefährlich", entgegnete ich. „Schau mal, was es hier für Schlaglöcher gibt."

„Ich ducke mich hinter deinem Rücken", schrie Amarjit, „dann bieten wir dem Wind weniger Widerstand. Warum versuchst du's nicht mal, dem Kerl mit dem Fiat zu zeigen, daß dein Motorrad kein indisches Fabrikat ist?" trieb Amarjit mich an.

Gut, ich gab Gas, schraubte mich an den Fiat heran, schlängelte mich um die paar Schlaglöcher, und als die Straße wieder glatt war, da überholte ich den Fiat. Amarjit schrie begeistert auf. Das ärgerte den Mann im Fiat.

„Hast du das Gesicht von dem Fahrer gesehen?" jubelte Amarjit.

„Nein", sagte ich.

„Das hättest du sehen müssen! Zeige ihm doch wenigstens auf einem Kilometer Länge, daß du 167 km/h fahren kannst!"

„Mit indischem Benzin schaffe ich höchstens 140", brüllte ich zurück.

„In Ordnung, zeig ihm, daß du 140 Stundenkilometer schaffst. Nur einmal."

Ich beschleunigte. Die Tachonadel kletterte auf etwas über 100. Ein Esel sprang zur Seite, einige Aasgeier retteten sich vor dem herannahenden Ungeheuer. „Beschleunigen!" schrie Amarjit. In dem Moment setzte sich ein Polizei-Motorrad hinter uns mit laut knatterndem Auspuff in Bewegung. Eine Zeitlang war das Motorrad noch im Rückspiegel zu sehen, auch der Fiat, dann hatten wir sie beide abgehängt.

Statt der versprochenen drei Tempel sahen wir sieben oder acht an diesem Tag, kletterten auf die Dächer, stiegen in unterirdische Zisternen. Ich mußte von dem schmutzigen Wasser eines heiligen Brunnens trinken und in zwei *free kitchen* essen, Amarjit war unerbittlich. Während wir auf dem Motorrad die Landstraßen entlangfuhren, versuchte er mir in endlosen Abhandlungen die Prinzipien der Sikh-Religion auseinanderzusetzen – bei dem Gegenwind, dem Motorengeräusch und seinem schauderhaften Englisch gewiß kein leichtes Geschäft.

Wir hatten Februar, die Luft roch angenehm, die Sonne erwärmte die fruchtbare Erde. Als es Abend wurde, tauchte ein hellerleuchtetes Haus auf, mit Tausenden von bunten Glühlämpchen geschmückt. „Eine Hindu-Hochzeit", erklärte mir Amarjit abfällig, der offenbar für die Hindus nicht viel übrig hatte. In diesem Moment kam, von Musikanten begleitet, der wie ein Pfau herausgeputzte Bräutigam vor das Haus geritten. Kaum hatte ich das Motorrad gestoppt, sprang Amarjit ab und eilte ins Gebäude. Gleich darauf trat der Brautvater vor die Tür und bat mich, doch Gast in seinem Haus zu sein. Gut, dachte ich, wir bleiben hier, essen und trinken . . . Dann bin ich halt nicht morgen, sondern erst übermorgen in Delhi. Was macht das schon . . .

Der nächste Tag erbrachte ein paar weitere Tempel. Den schönsten hatte Amarjit für den Abend aufgehoben. Das Heiligtum von Tarntaran lag inmitten eines großen Teiches, und die Musik aus den Tempeln klang weit über das Wasser in die laue Nacht. Amarjit aber war immer noch bei mir. Mußte er am nächsten Tag nicht unterrichten? Gab es Busse von hier zurück nach Amritsar? Ich fragte nicht. Um zehn Uhr abends folgten wir schon wieder festlich gekleideten Menschen und

Das Heiligtum von Tarntaran

einer Musikantengruppe und landeten – auf einer Hindu-Hochzeit. Wir hatten in den letzten zwei Tagen viele Kilometer hinter uns gebracht, es konnte nicht mehr weit nach Indiens Hauptstadt sein.

„Sind wir hier schon in der Nähe von Delhi?" fragte ich den Mann, der neben mir auf dem Boden saß.

Er schüttelte verwundert den Kopf. „Delhi?" fragte er erstaunt. „Wir sind doch ganz nah bei Amritsar. Fünf Meilen nur."

„Amritsar?" schrie ich aufgebracht. „Ich dachte, wir seien längst in Delhi!"

„Wir haben Tempel angesehen, sind um Amritsar herumgefahren, so eine Art Halbkreis", versuchte mir Amarjit schonend beizubringen. „Du wolltest doch die Tempel sehen."

Wütend stürmte ich aus dem Hochzeitshaus und zwang den Lehrer, hinten auf dem Motorrad Platz zu nehmen. Das sollte er mir büßen! Es war empfindlich kalt, und ich brauste wie ein Irrer über Landstraßen, diesmal wirklich in Richtung Delhi. Amarjit fror sehr, aber er sagte nichts. Irgendwann wurde es ihm dann doch zu kalt; er bat mich, langsamer zu fahren, er habe mir etwas Wichtiges mitzuteilen.

„Was willst du denn Wichtiges erzählen?"

„Hier, in der Gegend", schrie er mir ins Ohr, „lebt ein heiliger Mann. Den sollten wir unbedingt aufsuchen."

„Wir können doch nicht mitten in der Nacht einen

heiligen Mann aufsuchen", wandte ich ein.

„Doch, das können wir durchaus", schrie Amarjit zurück. „Ein Guru ist für alle Menschen da, auch nachts."

Einen heiligen Mann sieht man nicht alle Tage, überlegte ich, neugierig geworden. Wahrscheinlich lebt er unter einem Banyan-Baum und nährt sich von Früchten. Also bog ich auf einen Nebenweg ein und folgte den Direktiven meines Begleiters, der auf diese Weise wieder Oberwasser bekam. Fußgänger, vom Licht unseres Scheinwerfers erfaßt, zeigten auf Befragen den Weg, und nach zehn Kilometern tauchte ein riesiger Gebäudekomplex auf, mit einem Tor, einem Straßengewirr dahinter – der Sadhu wohnte offenbar doch nicht unter einem Baum. Wegweiser wiesen zur Bibliothek, zum Tempel, zum Gästehaus . . .

Mir schwante Böses. Amarjit bat mich, vor der Residenz des Heiligen laut zu hupen. Ein Diener eilte herbei, und fünf Minuten später erschien zwar nicht der heilige Mann, aber sein Stellvertreter, der einem amerikanischen Manager ähnelte und uns fragte: „In welcher Angelegenheit wollen Sie denn Seine Heiligkeit sprechen?" Ich starrte etwas beklommen zur Seite, doch Amarjit antwortete statt meiner. Unser Anliegen könnten wir natürlich nur dem Guru persönlich vortragen. Der heilige Mann sei aber gerade auf Urlaub in Kalifornien, erklärte der Manager, und komme erst Ende des

Monats zurück. Auch Gurus gehen offenbar mit der Zeit, dachte ich, während wir weiter durch die Nacht brausten.

Amarjit und seine 1000 Onkel

Am nächsten Tag schlug ich gegen Abend freiwillig vor, auf eine Hindu-Hochzeit zu gehen, weil ich dringend etwas zu essen brauchte. Aber Amarjit hatte einen Onkel in der Gegend, bei dem wir sogar übernachten konnten, und in den folgenden Tagen erinnerte er sich an zahllose weitere Onkel und Tanten, bei denen wir berechnenderweise dann erschienen, wenn sie bei der Mittagstafel saßen oder zu Bett gehen wollten. Daß so die Chancen, je Delhi zu erreichen, auf Null gesunken waren, damit hatte ich mich längst abgefunden. Amarjit wich nicht von meiner Seite. Schließlich fragte ich ihn eines Tages: „Mußt du denn gar nicht zu deinen Schülern zurück?" Ich hatte nicht gewußt, daß Amarjit bei seinen regelmäßigen Gängen auf die Postämter immer Telegramme an den Schuldirektor abgeschickt und im letzten um 14 Tage Urlaub gebeten hatte.

„Und was hat dein Direktor geantwortet?" fragte ich ihn.

„Du bist vielleicht naiv", belehrte mich Amarjit. „Wie

kann er mir denn antworten, wo wir beide hier auf dem Motorrad sitzen!"

Unsere Reiseroute hatte inzwischen die Form einer Schlangenlinie angenommen, und ich wagte schon gar nicht mehr, auf der Landkarte unseren Weg nachzuvollziehen. Gab es denn überhaupt keinen Ort in Nordindien, in dem mein Begleiter keinen Onkel hatte? Unseren Hunger stillten wir mit Vorliebe in *free kitchen* und auf Hindu-Festen, auf denen Amarjit mich zunächst als Professor für Ethnologie vorstellte. Später ernannte sich Amarjit selbst zum Professor und degradierte mich zum Assistenten.

Durch die Besuche bei Amarjits schier unerschöpflicher Verwandtschaft, die dem schlechtbesoldeten Neffen stets ein paar Rupien zusteckte, wuchs meine Barschaft. Amarjit, dieser arme Teufel, bestand nämlich darauf, seine „Einnahmen" mit mir zu teilen. An schieres Schmarotzertum allerdings grenzte unsere neueste Methode, das Übernachtungsproblem zu lösen. In Chandigarh, einer überwiegend von Hindus bewohnten Stadt, sprach Amarjit zum ersten Mal einen ernst dreinblickenden Sikh mit rotem Turban und schwarzem Bart auf offener Straße an. Er begrüßte ihn höflich, dann zeigte er auf mich und sagte: „Das hier ist mein Freund, ein Professor aus Germany. Ich möchte ihm gerne beweisen, wie groß die Gastfreundschaft der Sikhs ist. Ich bitte deshalb dich, meinen Bruder, uns einen Platz für eine Übernachtung zu gewähren."

Vor Verlegenheit wäre ich beinahe im Erdboden versunken, und Amarjit hätte ich erwürgen können!

Doch der Herr mit dem roten Turban wandte sich sehr freundlich an mich und sagte: „Welcome to my home! Gastfreundschaft ist eine der größten Tugenden der Sikhs. Schon unser Guru Nanak, der vor 300 Jahren lebte, forderte sie in seinen Schriften."

Völlig verblüfft blickte ich von Amarjit zu diesem Fremden und wieder zu Amarjit, der mich triumphierend anschaute. Wie selbstverständlich folgten wir der Einladung.

Über Nacht verwandelte sich Amarjit in einen überaus herrischen Regierungsfunktionär, als er am nächsten Morgen, meine Motorradbrille wie immer über den Turban geschoben, mit mir einige öffentliche Einrichtungen der Stadt aufsuchte und uns mit Befehlston überall Eintritt verschaffte. Im Ministerium (vom französischen Star-Architekten Le Corbusier erbaut), das ich aus Interesse für die moderne Architektur besichtigen wollte, nahm der Wachhabende, durch das bestimmte Auftreten und den herrischen Ton Amarjits aufgeschreckt, Haltung an und riß vor uns die Türen auf. Die unterbeschäftigten Beamten dahinter mißdeuteten unser plötzliches Eindringen und versuchten, einen guten Eindruck zu hinterlassen. Amarjit stellte kurze Fragen und erhielt ebenso kurze Antworten.

Im Ministerium von Chandigarh

Dann wandte er sich der nächsten Gruppe zu. Unsere Eskorte hatte sich vergrößert, denn zwei weitere Beamte hatten sich uns angeschlossen, offenbar fühlten sie sich in unserem Windschatten sicher. Wir stürmten durch mehrere Amtsstuben, und während unsere Begleiter respektvoll Abstand hielten, flüsterte mir Amarjit zu: „Weißt du, was ich denen erklärt habe? Daß ich Offizier bin und du ein Abgeordneter aus Europa."

Mich packte der blanke Schrecken. Aber Amarjit hatte sich wieder unserem nun auf sechs Köpfe angewachsenen Begleitkomitee zugewandt und verlangte energisch Auskunft. Worüber, verstand ich natürlich nicht, außer er übersetzte mir das Gespräch ins Englische. Wir – insgesamt acht Personen – hielten anscheinend ganze Abteilungen von der Arbeit ab. Als wir uns wieder auf der Straße befanden, fiel mir ein Stein vom Herzen. Aber Amarjit fragte nur recht jovial, ob er mir einen genügend fundierten Einblick verschafft hätte.

Nur kurze Zeit später, wir waren nun auf der direkten Route nach Delhi, überraschte mich Amarjit mit folgender Ankündigung: „Ich habe mich entschlossen, dich auf deiner weiteren Reise nach Australien zu begleiten. Du hast mir gesagt, daß es auch mit wenig Geld möglich ist, die Welt zu sehen, die Menschen kennenzulernen. Wir werden das Problem gemeinsam lösen."

Ich bremste scharf.

„Ich weiß", sagte Amarjit, „ich bin nur ein armer Lehrer. Aber ich möchte auch die Welt kennenlernen, so wie du."

„Meinst du nicht, daß du dir da ein bißchen viel zumutest?" rief ich ihm über die Schulter zu.

„Die Hauptsache ist, der Mut verläßt uns nicht, nicht mich und nicht dich", erwiderte er gelassen. „Alles andere geht dann von selbst."

Diese neue Kunde wirkte wie ein elektrischer Schlag auf mich. Ich war, seit ich die Grenze von Indien überschritten hatte, beinahe ständig unter der Aufsicht von Amarjit gewesen. Seine Tips und Hinweise, seine Hilfestellung beim Umgang mit der Umwelt hatte ich langsam als Selbstverständlichkeit betrachtet. Aber wollte ich denn nicht alleine, auf mich gestellt, das typische indische Milieu kennenlernen, in den winzigen Garküchen essen, in den kleinen, nicht übermäßig vertrauenerweckenden Herbergen schlafen, Erlebnisse mit Menschen sammeln? Durch Amarjits tatkräftige Unterstützung war ich jedoch wohlbehütet und abgeschirmt von allen Belästigungen, von Bettlern, Riksha-Fahrern, Straßenhändlern und Restaurantbesitzern, durch alle Gefährdungen Nordindiens hindurchgeschleust, aber auch von dem wahren Indien mit seiner unvorstellbaren Armut, seiner Chaotik isoliert worden. Doch Amarjit riß mich aus meinen Gedanken.

„Ich habe auch schon einen Paß beantragt", rief er mir fröhlich zu.

Jetzt reichte es mir aber endgültig. Die finanziellen Mittel, mit denen ich die Reise angetreten hatte, waren so bescheiden, daß jeder, dem ich davon erzählte, meine Pläne für undurchführbar hielt und mich als Phantasten, als Traumtänzer bezeichnete. Aber woher sollte Amarjit das wissen? Er sah zwar, daß ich mitunter wegen kleinster Beträge mit den Händlern feilschte, wenn ich mich betrogen fühlte, aber für ihn schien allein der Besitz einer so großen Maschine, mit der ich in

Indien größtes Aufsehen erregte, Beweis genug, daß ich ein vermögender Mann sein mußte. Er konnte nicht ahnen, daß diese Reise die Erfüllung eines langjährigen Traumes war, für den ich seit meiner Schulzeit jeden Heller und Pfennig zur Seite gelegt hatte. Dennoch war mir nach Erwerb der Maschine so wenig Geld für die Reise als solche übriggeblieben, daß sich meine Fahrt als wahres Abenteuer ohne Netz und doppelten Boden entpuppte.

Auf der Fahrt zum nächsten Onkel, der in einem Vordistrikt von Delhi lebte, überlegte ich, wie ich Amarjit auf gute Art loswerden könnte. Und die Möglichkeit dazu kam bald. Wir platzten unverhofft in eine Abendgesellschaft hinein, die der Onkel gab. Vier würdevolle Sikhs saßen im Kreise und sprachen kräftig einem Getränk zu, das ihnen ihre Religion ausdrücklich verboten hatte: schottischen Whisky, die Flasche zu 80 DM. Für Amarjit brach eine Welt zusammen – Sikhs, die Alkohol tranken, das war ungeheuerlich! In diesem Moment sah ich meine Chance gekommen. Ich wußte genau, was in Amarjit vorging. Ich griff mir ein Glas und schüttete Whisky hinein. „Prost", sagte ich und kippte das Zeug in einem Zug hinunter. Schadenfroh blickte ich meinem Begleiter ins Gesicht. Dem sträubten sich förmlich die Schnurrbarthaare. Sein Freund – ein Säufer! Mit offenem Mund starrte er mich an, dann verließ er wortlos den Raum und legte sich schlafen.

Am nächsten Morgen weckte er mich um sechs Uhr früh auf.

„Ich wollte dir nur sagen, ich fahre heute nachmittag zurück", teilte er mir mit. „Mein Direktor wird sicherlich schon warten – ich bin doch schließlich Englischlehrer. Bringst du mich zum Bahnhof?"

„Natürlich", erwiderte ich ungerührt. Ich und der Alkohol hatten gesiegt.

Am Nachmittag fuhr ich, Amarjit auf dem Rücksitz, seine Reisetasche auf gewohnte Weise um den Hals, mit ihm zur Bahnstation. Doch wir kamen zu spät, der Zug war schon weg.

„Macht nichts", sagte Amarjit, „mit deinem Motorrad holen wir den Zug ein, er hält auch in Sabzi Mandi. Die Leute am Bahnsteig haben mir erzählt, daß er ausnahmsweise pünktlich abgefahren sei. Wer konnte das wissen?"

Als wir Sabzi Mandi erreicht hatten, schüttelte man dort bedauernd den Kopf. Es sei schon richtig, der Zug habe sonst immer ein oder zwei Stunden Verspätung gehabt, nur heute leider nicht. „Weiterfahren", kommentierte Amarjit. Wir fuhren weiter. Immer in Richtung Amritsar . . .

Zwanzig Kilometer vor Amritsar fanden wir tatsächlich einen Bahnhof, auf dem der Expreß noch erwartet wurde. Schließlich fuhr der Zug ein. Menschentrauben hingen an den Trittbrettern, aus den Fenstern beugten sich Tausende von Köpfen. Als der Zug sich bereits wieder in Bewegung setzte, sprang Amarjit aufs Trittbrett und klammerte sich an die Passagiere, während er versuchte, mit einem Fuß Halt zu finden. Dann drehte er sich um und rief: „Good bye, good bye, we will see us again, we will see us again."

Der Zug fuhr in eine Kurve. Jetzt kam die Sonne, die die letzten Minuten hinter einer Wolke verborgen gewesen war, erneut zum Vorschein und beleuchtete Amarjits blauen Turban. Noch eine Minute lang sah ich den blauen Fleck, der immer kleiner wurde und dann entschwand. Ich drehte mich um und ging. Ich glaube, ich schämte mich in diesem Augenblick. Ich hatte Amarjit abserviert, weil ich das dringende Bedürfnis hatte, endlich einmal allein zu sein. Aber ich blieb nicht lange allein. Schließlich war ich in Indien. Nahezu jeder Inder sprach mich an, auch wenn er nur wissen wollte, woher ich kam, was ich hier suchte, wie ich hieß.

New Delhi wird in manchen Reisebeschreibungen als „nordindisches Dorf" bezeichnet. Dieses „Dorf" verfügt über die für indische Verhältnisse außerordentlich hohe Zahl von 1300 registrierten Kunstdenkmälern und über eine nicht registrierte Zahl von Gaunern, die um ein Vielfaches darüber liegt. Die Kunstdenkmäler konzentrieren sich an sieben verschiedenen Stellen der Dreieinhalb-Millionen-Stadt, während die Gauner

New Delhi, das sogenannte „nordindische Dorf", ist
außerordentlich reich an Kunstdenkmälern

hauptsächlich an zwei Plätzen auftreten: im Zentrum der Altstadt (dem Roten Fort) und im Zentrum der Neustadt (dem Connaught Place). An dem von weißen Kolonnaden umstandenen Connaught Place hatten alle Arten von kleineren Betrügern ihren Standort. Ein Ausländer bekam auf der Straße um die Hälfte mehr Rupien für sein Geld als an offiziellen Wechselstellen. Das war die Chance für manchen, zu schnellem Geld zu kommen.

Am Connaught Place lernt das Greenhorn die erstaunlichen Tricks kennen, mit denen man Touristen schröpft. Kaum dreht der Ankömmling seine erste Runde auf dem Platz, wird er schon angesprochen von Männern, die ihm geheimnisvoll zuflüstern: „Change money?" Als nächstes werden ihm Kurse ins Ohr gehaucht, die so verführerisch klingen, daß er sich ihrem Sog nur schwer entziehen kann. Der landläufigste Trick besteht darin, daß der Händler beim Vorzählen des Wechselgeldes unbemerkt ein paar Scheine im Hemdärmel verschwinden läßt. Die Variante, einen Zwanzig- oder Fünfzigdollarschein des Touristen zusammenzurollen, die Note mit dem Ruf „Achtung, Polizei!" zurückzugeben und davonzulaufen, war mir nicht neu. Beim Auseinanderrollen der Banknote stellt der Betrogene dann regelmäßig fest, daß er einen ganz ähnlich aussehenden 1-Dollar-Schein in der Hand hält.

In den Hippiekreisen von Istanbul hatte man mich

Connaught Place – Zentrum der Wechselbetrüger

vor einem Mann in lila Hosen gewarnt, der in Delhi sein
Unwesen trieb und so manchen um seine gesamten
Travellerschecks gebracht hatte. Angeblich arbeitete er
mit einem Engländer von der Kanalinsel Jersey zusam-
men, der außer Englisch perfekt Französisch sprach.
Wer beschreibt mein Erstaunen, als ich bei meinem
ersten Gang über den Connaught Place von einem
Mann in lila Hosen angesprochen wurde, der mir sein
Problem in eindringlichen Worten schilderte! Er sei
Geschäftsmann, hieß es, und müsse dringend nach
Großbritannien fliegen. Die indische Regierung erlaube

zwar die Mitnahme von ausländischen Traveller-schecks, nicht aber von Devisen in bar. Er machte mir einen lukrativen Vorschlag: Für jeden Travellerscheck im Wert von hundert Dollar bot er mir hundertzehn Dollar in bar. Eindringlich erkundigte er sich, wieviel Geld ich in Form von Schecks bei mir hätte. Er lud mich zu einem Drink in ein dunkles Lokal im Souterrain eines Hauses ein. Rein „zufällig" erschien auch ein Kunde aus England, der sich von dem Wechselgeschäft begeistert zeigte und die guten Erfahrungen mit dem Inder in den lila Hosen über den grünen Klee lobte. Als er auf meine Frage nach seiner Heimat die Insel Jersey nannte, lachte ich laut auf, verzichtete dankend auf das Geschäft und ließ mir dafür später von Geschädigten den weiteren Verlauf der Transaktion schildern. Zwecks Überprüfung der Echtheit der Schecks wurde man in eine angebliche „Bank" geführt, die nur aus einigen obskuren Schalterfenstern bestand. Ein „Bankbeamter" nahm die Schecks an sich und verschwand damit. Die Begleiter „suchten" den Beamten, und der Geschädigte fand sich plötzlich allein in der Bank, die keine war. Sein Geld war er natürlich los.

Eine touristenfreundlichere Kategorie von Schwindlern gab es in der Altstadt von Delhi, im Torgebäude zum Fort, wo sich einige Souvenirhändler niedergelassen hatten. Angelockt durch eine Nachricht in der Zeitung, man habe kürzlich aus der Bibliothek von

Patna gestohlene alte Manuskripte im Roten Fort wiedergefunden, schlenderte ich an den Ständen der Händler vorbei und betrachtete Miniaturen aus der Mogulzeit, deren niedriger Preis nur die Vermutung zuließ, sie seien entweder gefälscht oder gestohlen. Ich stand vor dem *Jain Gift Shop,* als mich der Händler ansprach und mich zum Kauf animieren wollte. Wie immer in solchen Fällen, wehrte ich ab mit der Behauptung, leider kein Geld zu haben. Das Argument zog nicht, er bat mich im Gegenteil in seinen Laden und machte mir einen Vorschlag: Ich sollte meine Travellerschecks als verloren melden, mir neue ausstellen lassen und ihm die alten zum Stückpreis von sechs Rupies verkaufen. Er zeigte mir ein Bündel von gestohlen gemeldeten Travellerschecks und versprach, einen seiner Angestellten zur Polizei mitzuschicken, der dort bestens bekannt sei. Als ich den Einwand wagte, die Polizei könnte doch den Betrug wittern, wenn sie immer wieder den gleichen Mann mit neuen Touristen bei sich sähe, lachte der Boss und meinte, er habe genügend Bakschisch an die Polizisten verteilt, so daß im Gegenteil die Verlustmeldungen besonders glatt über die Bühne gingen.

Nachdem ich schon nicht dem Beispiel von Hunderten von Hippies folgen und meine Schecks als gestohlen melden wollte, machte mir der Boss des *Jain Gift Shop* einen weiteren Vorschlag. Er schien Vertrauen zu mir zu haben. Vielleicht schaute ich auch nur desparat genug und von Geldsorgen gedrückt drein. Er fragte mich nämlich unvermittelt, ob ich fremde Unterschriften nachahmen könne. Mein Schulterzucken konnte ebensogut ja wie nein bedeuten. Darauf schlug er vor, mich mit einem Flugzeug und einem Begleiter nach Madras zu schicken, wo ich für fünftausend Dollar Edelsteine kaufen sollte. Man werde mir in Delhi und Madras das Hotel und die Taxifahrten bezahlen; außerdem könnte ich mich auf seine Kosten in Delhi neu einkleiden, denn ich hätte auszusehen „wie ein Prinz", eine Beschreibung, die meinem Selbstgefühl ungemein schmeichelte. Offenbar sah er mich im Geiste bereits in einem eleganten indischen Maßanzug. Plötzlich wurde mir klar, was mit den als gestohlen gemeldeten Schecks angestellt wurde: Die zweite Unterschrift brachte dem Fälscher, also eventuell mir, neben Hotel plus Spesen auch noch eine prozentuale Beteiligung an der Beute ein. Indische Gefängnisse schienen mir wenig verlockend, ich verzichtete auf den Deal. Der Boss ließ noch immer nicht locker. Er versicherte mir, es gebe Hunderte anderer Möglichkeiten, mir zu Geld zu verhelfen. Zwei Männer wie er und ich würden nie untergehen; die Welt stünde offen für unternehmungslustige Typen wie uns. Wir würden morgen darüber weiter sprechen. Dann verabschiedeten wir uns herzlich...

Agra: Stadt der Götter und Gräber

Ich flog nicht nach Madras, sondern fuhr auf meinem Motorrad nach Agra, wo ich am späten Abend ankam. Es war Vollmond. Ich begab mich sofort zum Tadsch Mahal. Ich kannte dieses Symbol Indiens, dieses riesige Mausoleum aus schneeweißem Marmor, von unzähligen Abbildungen. Ich glaubte zu wissen, was mich erwartete. Um so überraschter war ich über meine erste Begegnung mit jenem Märchen aus Stein. Im Gegensatz zu den meisten Besuchern fand mein Treffen mit diesem Wunder ja um Mitternacht statt. Langsam schritt ich durch den Park; die weiße Kuppelarchitektur wuchs mir aus dem Blauschwarz der Nacht entgegen, das Mondlicht riß die Konturen aus dem Dunkel, die Minaretts schoben sich näher, die Hauptgebäude entzogen sich gleich einer Zauberarchitektur dem direkten Kontakt. Ich fand mich allein mit einer Fata Morgana von übernatürlicher Schönheit. Als ich am nächsten Tag bei Sonnenlicht mein Erlebnis der vergangenen Nacht zu wiederholen suchte, traf ich statt dessen auf ein Zentrum des Tourismus, auf Tausende von Menschen, auf Andenkenhändler, Fremdenführer, Hitze, Geschrei

Das Rote Fort in Agra

und farblose Postkartenschönheit.

Agra selbst war typisch „indisch": schmutzig, übel-
riechend, von Menschen überquellend. An den Stra-
ßenrändern neben dem Verkehrsgewühl hatten heilige
Männer ihre „Tempel" errichtet: winzige Gebäude aus
Holzbrettern, Lehm oder Büchsenblech. In diesen offe-
nen Hütten standen Götterbilder, der Elefantengott
Ganesch, der affenköpfige Hanuman, die Göttin Lak-
schmi, mit mennigeroter Farbe beschmiert. Der
Erbauer und gleichzeitige Manager des jeweiligen Tempels kauerte daneben, heischte schreiend von den vor-
übergehenden Touristen ein Opfer an den Gott, stopfte
das Geld in die Tasche, bestrich unter vielen Verren-

kungen sein Götterbild mit Öl und Fett und bewarf es mit Blüten, um dafür ein Extra-Bakschisch einzukassieren. Ein solcher Mann lebte nicht nur neben seinem Gott, er schlief auch im Tempelchen am Straßenrand, und sein Gott nährte ihn mehr schlecht als recht.

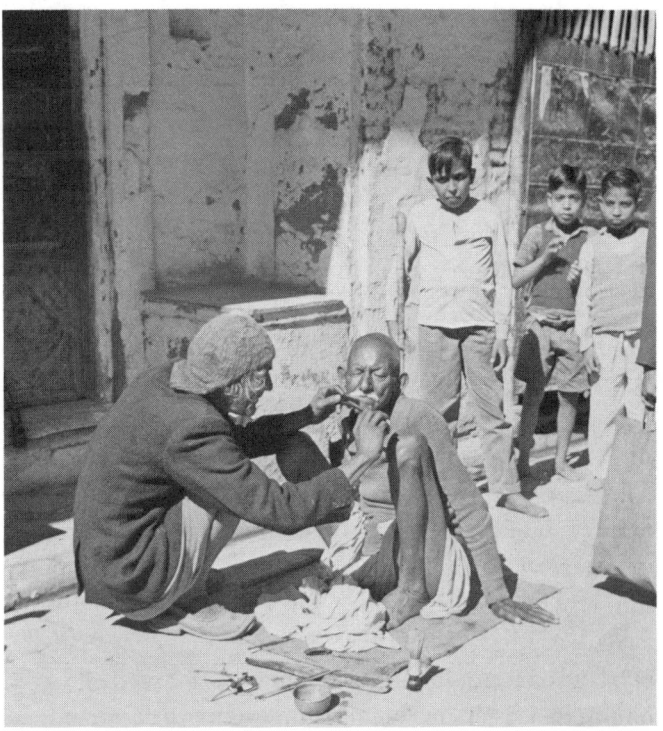

Auch Bartscherer finden ihr Auskommen

Agra, für fast ein Jahrhundert Regierungssitz des riesigen Mogulenreichs und dessen kulturelles Zentrum, war jedoch auch die zentrale Begräbnisstätte für die in Nordindien verstorbenen europäischen Christen. Sehr versteckt und halb verfallen liegen die Reste zweier Friedhöfe – ein katholischer und ein protestantischer – am Stadtrand, wohin sich noch nie ein Tourist verirrt hat. Aus den verwitterten Inschriften entzifferte ich ein Kapitel Geschichte und eine Fülle bemerkenswerter Details aus dem Leben der hier bestatteten Missionare, Diplomaten, Weltreisenden oder auch schlichten Abenteurer. Hier liegen Mitglieder des Jesuitenordens begraben, so der Sanskritforscher Heinrich Roth, 1620 in Dillingen geboren, 1668 in Agra gestorben; so der Hof-Astronom des Maharadschas, Anton Gabelsperger aus Mainburg, und dessen Nachfolger, Andreas Strobl aus Schwandorf. Auch andere Jesuiten genossen hohes Ansehen: Franz Borgia Koch aus Klagenfurt, der 1711 in Agra gestorben ist, war 1706 sogar an den Hof nach Tibet eingeladen worden. Unter den Jesuitenpadres gab es auch Weltreisende. Ein Albert Dorville aus Brüssel, in Agra am 8. April 1662 verstorben, war zusammen mit seinem Ordensbruder Johann Grübe von Peking aus über Lhasa/Tibet und Katmandu/Nepal im Jahre 1661 in das Mogulenreich gelangt.

Um in vergangenen Jahrhunderten von England aus das Zentrum Indiens zu erreichen, benötigte man etwa vier Jahre, wie der Grabstein des Engländers John Mildenhall bekundet, einer der ersten „Traveller". Sein Landsmann und Zeitgenosse Thomas Coryat, dessen Grab allerdings unbekannt ist und der zu Fuß von London nach Indien gewandert war, hatte seine Ausgaben auf zwei Pennies pro Tag beschränkt, die er sich durch Betteln verschaffte. Darüber schrieb er ein Buch. Sogar das Grab eines ganz anders gearteten Abenteurers konnte ich entdecken: das des Wallonen Walter Reinhardt. Er war Anführer einer Bande von heruntergekommenen europäischen Deserteuren und Desperados, betätigte sich später als Scharfrichter und tötete nach einer Schlacht sechzig Engländer, die in die Hände des Nawabs von Bengalen gefallen waren, sowie unzählige Gefangene. Im Laufe der Zeit erdiente er sich sogar ein eigenes Herrschaftsgebiet, nämlich den Bezirk um die Stadt Sardhana.

Menschen, Menschen, nichts als Menschen

Nach dem Besuch der von der Welt vergessenen europäischen Grabdenkmäler am islamischen Mogulhof beschloß ich, eine der sieben heiligen Hindu-Pilgerstätten Indiens aufzusuchen. Und nun schlug das Chaos über mir zusammen. In der Regenzeit wälzen sich riesige Pilgerscharen durch die Städte Mathura, Brindaban sowie die fünf Nachbarorte, die alle eng mit der Geschichte um den mythischen König Krischna verbunden sind. Hier vollbrachte, heißt es, der jugendliche Krischna seine größten Wunder. Hier sah ich die ersten wirklich alten Kultstätten der Hindus. Die jahrhundertelangen Muslim-Invasionen und die anschließende Herrschaft der islamischen Großmoguln hatten zur vollständigen Vernichtung der Hindu-Bauwerke in Nordindien geführt, wenn sie nicht in Moscheen umgewandelt worden waren.

Das Innere des vernachlässigten, schmutzigen Roten Tempels von Brindaban war finster und glitschig und roch modrig. Im Gewölbe über mir kreischten die heiligen Affen. Die Kontakte mit den Bewohnern von Brindaban verliefen unerfreulich. Die Straßen schlängelten sich über Abfallhaufen zum Fluß hinunter, und den Weg verstellten ekstatisch sich anpreisende Fremdenführer. Begegnungen mit Bettlern, Tempeldienern und heiligen Männern, sogenannten Sadhus verliefen lautstark und drehten sich hauptsächlich um Geld. Von allen Seiten faßte man nach meinen Armen, versuchte man, mich an den Straßenrand zu ziehen. Kinder umringten mich und schrien. Der heilige Fluß, die berüchtigte Jumna, schob sich träge und grünlich durch den Ort, von Verbrennungs-Plattformen und Pilger-

Bei Agra: Mausoleum des Mogul-Kaisers Akbar

bauten gesäumt und von Schildkröten bewohnt (die natürlich ebenfalls heilig waren). Links und rechts die Ghats, die Badeplätze, die rituellen Waschungen dienten. Was hatte ich da erst in Varanasi (dem früheren Benares) zu erwarten? Amarjit hätte ich jetzt gut brauchen können!

Auf dem Campingplatz von Agra hatte ich meine Schweizer Freunde aus Amritsar wiedergetroffen und sie aufatmend begrüßt. Wir saßen zu dritt im Führerhaus des Volkswagenbusses, von Indern belagert. Die Glasscheibe trennte ganze Welten voneinander. Während wir Schweizer Schokolade kauten, trottete drau-

Die „Praxis" eines indischen Zahnarztes

ßen ein Elefant mit einer großen Ladung Bambusstangen vorbei. Hoch oben, inmitten dieses Gestrüpps, thronte sein Herr. Vorsichtig wich der Elefant einem Zahnarzt aus, der auf dem Boden hockte und auf einem

Behutsam ging der Elefant an Hindernissen vorbei

schmutzigen Tuch eine Sammlung von verstaubten Spritzen und Instrumenten ausgebreitet hatte sowie eine Kollektion gezogener Zähne, mit denen er Reklame für seine Geschicklichkeit machte. Daneben schnitt ein greiser Barbier einem gleichaltrigen Kunden seinen Schnauzbart. Ein heiliger Mann mit grellrotem Kopftuch über dem verfilzten Haar, die Stirne weiß bemalt, hockte im Yogasitz auf der Theke eines geschlossenen Ladens – und las die Zeitung. Merkwürdig: Wenn man nicht mehr allein war, sah alles gleich nicht mehr so furchterregend aus.

Am nächsten Tag fuhren wir gemeinsam in eine wirkliche Geisterstadt: nach Fatehpur-Sikri. Der Weg dahin war nicht zu verfehlen: Sechs Meter hohe Meilensteine, von Moguln errichtet, säumten ihn in regelmäßigen Abständen. Die knapp vierzig Kilometer zu unserem Ziel verliefen sehr abwechslungsreich, denn wie überall in Indien tat sich unterwegs allerlei. War auch meist kein Dorf zu sehen, so war die Straße dennoch voll mit Menschen; das ähnelte schon einer Völkerwanderung. Kulis beförderten Lasten, überladene Busse zweigten staubaufwirbelnd auf Nebenwege ab, wandernde Gaukler hielten uns auf, um für die Darbietung ihrer zwei Tanzbären eine Rupie zu ergattern. Kurze Zeit später schälte sich Fatehpur-Sikri aus dem morgendlichen Dunst. Vor uns lag eine der vier bedeutendsten Residenzen der Großmoguln.

Heiliger Mann, der Zeitung liest

Kaiser Akbar hatte die Stadt aus dem Boden gestampft, die besten Architekten seines Reiches beschäftigt, immense Gelder in die ungesunde Einöde gesteckt. Kaum war das gigantische Werk vollendet, stellte sich heraus, daß es an Trinkwasser für die riesige Hofhaltung fehlte, und daß die Gegend von Malaria übertragenden Moskitos wimmelte. Der Herrscher hatte sich dem Willen der Natur zu beugen und mußte die brandneue Hauptstadt ihrem zerstörerischen Werk überlassen. Die Quartiere wurden nie bezogen, Einsamkeit nistete sich in ihren Mauern ein.

Nach diesem Ausflug in die Vergangenheit nahm ich Abschied von den Schweizern, packte mein Bündel, bestieg endlich das Motorrad und brauste, wieder alleine, durch die kühle Morgenluft Jaipur entgegen.

Jaipur liegt im Staate Radschastan, dem Land der Radschputs. Fast jedes Nest in diesem Gebiet im äußersten Westen von Indien hatte seinen eigenen Radscha, größere Gebiete hingegen ihren Maharadscha. Die alten Chroniken fließen über von den Heldentaten dieser Kriegerkasten, sind voll der rühmenden Schilderungen ihrer Schlachten gegen Muslims und Moguln. Die Radschputs – wörtlich „Königssöhne" – lebten in blutsverwandten Clans, die sich in Lebensführung, Ehrbegriff und Kriegszucht nach einem gemeinsamen Kodex richteten. Schon die Namen ihrer Clans hatten in meinen Ohren einen melodischen Klang: der Clan der

Gaukler mit Brillenschlange am Straßenrand

Rathors, der Hara Chauhan, der Jadeja, der Gohels, der Jethwas und der Jhalas. Der Clan der Sesodia behauptete von sich, seine Abstammung auf die Sonne zurückführen zu können. Doch die kleinen Staaten, über die die Radschas herrschten, hatten nicht minder farbenfreudige Namen: Karauli und Bundi, Dholpur und Bharatpur, Sirohi und Dungarpur, Jaipur und Udaipur und viele, viele andere. Überall sah ich ihre Festungen, manchmal bis zu vier auf einmal, auf jedem Hügel des zerklüfteten und heißen Radschastan eine.

Das Klima hatte sich, bedingt durch die das Land umgebende Wüste, merklich verändert. Hatte ich noch nachts in Agra auf dem Motorrad gefröstelt, so waren ab jetzt die Nächte heiß, buchstäblich schweißtreibend heiß. In den Tempeln von Jaipur rauchten abends Hindus zu ekstatischer Musik aus ihren Pfeifen Ganja – zu deutsch: Marihuana. Über der Stadt, an einem kleinen See, lag der Palast von Amber; man konnte ihn morgens auf einer Fußwanderung erreichen. Einmal öffnete sich wie von Geisterhand das Tor der Burg, und heraus schritt, auf seiner Flöte eine Melodie pfeifend, ein Mann; hinter ihm stapfte hin und her schwankend ein Elefant, der auf seidenen Kissen einen Reiter trug. Hingerissen folgten meine Blicke der märchenhaften Erscheinung und meine Ohren dem Rhythmus der eindringlichen Melodie. Wer war das, der da zu Tal ritt? Ein Prinz? Nur ein Tourist? Ich werde es nie erfahren.

Festungen im Staate Radschastan

Alltag eines Motorradfahrers

Meine Einstellung gegenüber dem Motorrad und der Reise hatte sich im Verlauf dieser Wochen sehr geändert. Während ich über indische Landstraßen gen Süden rumpelte, der heiße Wind mir um die Nase strich, genoß ich es sehr, daß ich nicht in einem überfüllten Bus saß oder als Hitchhiker stundenlang auf ein Fahrzeug warten, mit Gepäck beladen mühsam durch eine indische Ortschaft wandern und jede Herberge dankbar annehmen mußte, da keine andere in der Nähe war. Gefiel es mir in einem Dorf nicht, nun, eine kurze Drehung am Gasgriff beförderte mich aus dem Ort hinaus und dem nächsten Ziel entgegen. Wochenlang hatte ich unter der Kälte gelitten. In Indien flimmerte die Landschaft unter einer glühendheißen Sonne, und das Motorrad war nun statt einer Belastung zu einem ungeheuren Vorteil geworden. Es verschaffte mir Zutritt zu den abgelegensten Regionen und Plätzen; es gab mir vor allem einen Rückhalt gegenüber den Menschen, denen ich begegnete. Ich wurde anders eingeschätzt, anders aufgenommen; das Fahrzeug stärkte meine Selbstsicherheit und gab meinem Unternehmen Stil und Kontur. Man behandelte mich mit einem gewissen Respekt, und so trat auch ich anders als gewohnt auf. Das Motorrad war nicht mehr der Fremdkörper, mit dem es fertigzuwerden galt, sondern eine Art Partner, mit dem ich eng verwachsen war. In dem Maße, in dem meine Abhängigkeit von der Maschine wuchs, nahm auch die Sorge zu, sie heil über die Schotterpisten zu bekommen. Während der Fahrtwind mir heiße Luftschwaden ins Gesicht blies und meine Augen von der gleißenden Helligkeit geblendet waren, dachte ich an Zeiten, die scheinbar schon eine Ewigkeit zurücklagen. Wie lange war es eigentlich wirklich her, daß ich mich durch die beißende Kälte Persiens gearbeitet hatte? Bereute ich nicht innerlich schon längst, daß ich das mittelalterliche Afghanistan so schnell durchquert hatte?

Der Tachometerstand hatte die 10 000-Kilometer-Marke erreicht. Zehntausend Kilometer lagen zwischen München und dem menschenwimmelnden Backofen, der mich hier umgab. In München hatten mich nur ein paar Freunde verabschiedet, hier aber versammelten sich sämtliche Bewohner eines Dorfes.

Meine Bluejeans fühlten sich in dieser Hitze feucht und klebrig an. Hemden zu wechseln erschien sinnlos. Nach fünf Minuten hingen sie klatschnaß am Körper.

Ich hatte mir abgewöhnt, die Menschenmassen als etwas Bedrohliches zu betrachten. Dennoch war ich froh, wenn ich eine Herberge erreicht, das vom Motorrad abgeladene Gepäck ins Innere des Gebäudes getragen und die Tür hinter mir verschlossen hatte. Gewöhnlich stellte ich zuerst den Ventilator an – der wichtigste Einrichtungsgegenstand eines Nachtquartiers! Zwei Sekunden bangen Wartens, dann begann sich der von der Decke herabhängende Propeller langsam zu drehen. Ich stellte die nächste Stufe ein, die übernächste, der Propeller drehte sich schneller und schneller, ein Luftzug entstand; ich legte befriedigt meinen Schlafsack auf das Bettgestell und mich auf den Schlafsack. Luft, Kühle, Luft, Kühle. Derweil klopfte der Herbergsdiener an die Tür, wollte eine Eintragung in seinem Buch tätigen, erbat meinen Paß. Unweigerlich verheddertе er sich bei meinem Namen und den Daten, trug unsinnige Dinge in seine Spalten ein. Dann verließ er mich wieder. Ich blickte mich in dem halbdunklen Gemach um. Die Fensterläden waren wegen der Tageshitze geschlossen. Ich untersuchte den Nebenraum. Ein Bretterrost am Boden, eine Dusche. Meist – nein, fast immer – funktionierte die Apparatur, ein Wasserstrahl plätscherte auf den Zementboden. Ich stellte mich darunter, ließ mich vom lauwarmen Wasser berieseln. Dann trocknete ich mich ab und war für neue Taten bestens gerüstet.

Draußen standen in der Dämmerung Inder und betrachteten mein Fahrzeug. Sie bewunderten und kommentierten es nicht nur, sondern betasteten es von allen Seiten. Stumm, aber vorwurfsvollen Blickes schob ich das Motorrad in den Innenhof der Herberge. Die Herbergen (Übernachtungsgebühr: rund zwei Mark), die ich bevorzugte, hießen: Rest-Houses, Circuit Houses, Dak Bungalows, Inspection Bungalows, Tourist Bungalows und PWD Bungalows – viele Worte für denselben Begriff: regierungseigen und ungezieferfrei. Jedes Nest hatte eine solche Unterkunftsmöglichkeit. Anschließend unternahm ich den obligatorischen Bummel durch den abendlichen Ort. Die Nacht war feucht-heiß, kein Luftzug zu spüren. Vor den Textilgeschäften saßen die Schneider an ihren Nähmaschinen, hinter Petroleumlampen verkaufte man Reis und Gewürze, kitschige bunte Heiligenbilder hingen an den Wänden der Verkaufsräume. Der Geruch nach Räucherstäbchen drang aus den Läden auf die Gassen hinaus, die erfüllt waren vom vielstimmigen Geklingel der Rikschas.

Ich machte mich auf die Suche nach etwas Eßbarem, serviert auf Bananenblättern, manchmal auch auf einem Blechteller: Reis, vielleicht auch Gemüse, mit sonderbaren Zutaten versetzt und mit Curry gewürzt, daß es einem den Atem verschlug. Das Ganze mit Chapatty serviert, dem Fladenbrot. Dann kaufte ich eine Cola, steril abgefüllt, gänzlich ungefährlich. Das Wichtigste war: sie hatte kalt zu sein! Eine kalte Limonade zu finden, wurde meine Hauptbeschäftigung, und am anderen Ende der Stadt kaufte ich noch eine, und auf dem Rückweg eine dritte, und in ganz kleinen Schluk-

Fladenbrotbäcker bei der Arbeit

ken ließ ich das köstliche Naß in meine Kehle rinnen, hoffte, daß die Kohlensäure und die Kälte des Getränks meinen Durst nachhaltig vertreiben würden, und entdeckte fünf Minuten später, daß ich schon wieder durstig war. Doch wie ein Maharadscha schmiß ich sechzig Paisa hin, griff mir eine neue Flasche und leerte sie, einem Süchtigen gleich, in einem einzigen Zug. Auf dem Rückweg schwitzte ich wie ein Lastenträger, das frische Hemd klebte naß an mir. Aber in der Herberge wartete der Ventilator, der sich die ganze Zeit über weitergedreht hatte. Ich legte mich direkt darunter. Er baute einen Windschirm um mich herum auf, der die

Moskitos fortwehte; ich schlief ruhig bis zum nächsten Morgen, ich schlief noch, als die Sonne längst am Himmel stand und die Geräusche von Rikschas und Ochsentreibern sich intensiv in meine Träume zu mischen begannen. Dann stand ich auf, betastete meinen Körper, der feucht von Schlaf und Hitze war, kratzte mich ausdauernd dort, wo Bisse und Stiche juckten, und versuchte festzustellen, ob neue hinzugekommen waren. Ungeziefer: Das mußten nicht unbedingt Wanzen und Flöhe sein – es gab Hundertschaften verschiedenster blutsaugerischer Untiere, die im Sand saßen, in der Luft flogen, den Reisenden liebend gerne durch ihre Sticheleien belästigten.

Wenn ich dann endlich vor das Haus trat, das Motorrad hinausschob, das Gepäck aus dem Raum trug, es auf dem Motorrad verstaut hatte, war ich bereits wieder schweißnaß vor Hitze. Ein Tritt auf den Kickstarter, ein zweiter, der Motor sprang an, ich wischte mir den Schweiß von der Stirn, setzte mich auf den Sattel, die Menschenmenge, die sofort herbeigestürmt war, wich auseinander. Ich legte den ersten Gang ein, ließ die Kupplung kommen, die Räder begannen sich zu drehen, das Motorrad nahm mich mit. Der Windzug umfächelte meine Stirn, fuhr mir unters Hemd, ein paar Haustiere stoben auseinander, ich hatte die Straße erreicht. Kurz, wie ein Nichtschwimmer, der sich in den Ozean wirft und plötzlich entdeckt: das Wasser trägt, ich kann auf Rettungsbojen verzichten, so schwamm auch ich in diesem Ozean, der sich Indien nannte, und ich schwamm recht gut darin.

Bundi – eine Oase im indischen Chaos

Ich erreichte Bundi gegen Abend. Vor dem Rest-House stand ein Sikh, als warte er nur auf Touristen.

„Sahib, I am your guide", sprach er mich an. Die Aufdringlichkeit indischer Touristenführer hatte ich zur Genüge erfahren.

„My guide is Jesus Christ", entgegnete ich abweisend.

Aber er ließ sich so schnell nicht einschüchtern.

„Niemand kennt die Stadt so gut wie ich, auch deine Bücher nicht, die du sicherlich dabei hast" (ich hievte soeben die schwere Tasche, bepackt mit Reiseführern, vom Motorrad). „Weißt du was, du wirst dir vieles anschauen, was in deinen Büchern steht. Aber vieles, was ich dir zeigen könnte, wirst du sicher nicht sehen."

Ich sah ihn unentschlossen an.

„Du brauchst mir nur zu zahlen, was du leicht entbehren kannst", versprach er.

Als ich am Morgen darauf aus dem Zimmer trat, saß er bereits auf den Stufen des Bungalows. Bundi ist eine

Art Rothenburg ob der Tauber von Radschastan. Nur weiß das außer mir niemand. Bundi fällt aus dem Rahmen. Fast alle indischen Städte sind gesichtslose Massenansammlungen von Steingebäuden häßlichster Art: kleine Läden, Reklameschilder, Lichtmasten auf allen Seiten, Schmutz auf der Straße und verdächtige Gerüche in der Luft. Als Traveller schiebt man sich dann, von Kindern und Bettlern umringt, ohne nach rechts oder links zu blicken, durch das Gewühl der Fahrradfahrer auf einen festen Punkt zu, einen Palast vielleicht, eine Moschee, einen Tempel. Mein Blick war abgestumpft durch die einander ähnelnden Eindrücke: Menschen, Menschen, wohin ich blickte, Menschen. Die Armut und der Schmutz stachen so ins Auge, daß ich glaubte, mich hindurchretten zu müssen durch dieses Alltagselend, hin zu den vermeintlichen Attraktionen.

Bundi war anders. Diese ehrwürdige, stille Radschput-Stadt mit ihrem mittelalterlichen Stadtbild am Rande eines Sees gelegen, bewahrte in jedem Winkel ihrer Altstadt Erinnerungen an ihre Glanzzeit, als sie unter einem Maharadscha eine wichtige Rolle spielte. Mein Begleiter, der Sikh, machte es sich und mir nicht leicht. Er kannte alle Geheimnisse des Ortes. Wir kletterten über distelbesäte Abhänge, vorbei an Steinen, Müll und Exkrementen, um einen Blick zu erhaschen auf die Baolis, jene halbverfallenen Brunnenanlagen, die, von Podesten, Treppen, Pavillons umgeben, einem Amphitheater ähneln, das sich in die Tiefe bohrt, zu weiteren Plattformen und Pavillons, von Säulenreihen gehalten. Frauen in bunten Gewändern, Krüge auf dem Kopf balancierend, stiegen auf den vielen Seiten die Treppe hinunter und hinauf. Auf der Anhöhe inmitten der Stadt lag der riesige Palast des Maharadschas, und vor dem Stadttor barg ein Palmenwäldchen an den Ufern eines Baches in seiner Mitte das Schloß eines früheren Fürsten. Rundherum Wasser, viel Wasser, eine Kostbarkeit in dieser heißen Zone. Die wenigen Bettler, die es in Bundi gab, hausten wie eh und je gleich neben dem Stadttor. Seit Jahrhunderten war dies ihr Quartier.

Es war Spätnachmittag geworden, die Hitze des Tages verlor sich, ich sagte der Stadt Bundi und ihrem Sikh Lebewohl. Zum Abschied drückte ich meinem Führer zehn Rupien, drei Mark, in die Hand. Das schien ihm, der doch von Touristen leben mußte, zu viel; er gab mir die Hälfte des Geldes zurück.

Dann war ich auf der Landstraße. Meine Maschine fraß die Kilometer in sich hinein. Lebhaft, mit einem angenehmen Geräusch, tuckerte der Motor. Einen Hügel nach dem anderen nahm sie, fast ohne mein Zutun. Rechts schob sich eine Hügelkette heran, näherte sich, und schon trug mich das Motorrad die Anhöhe hinauf. Ein weiter Blick auf eine Ebene

Typisch für die Radschputs sind die roten Turbane

belohnte. Dahinter eine neue Hügelkette. Schon war ich auf dem Kamm. Eine Pracht war es, in Indien Motorrad zu fahren.

Ich kam nach Chittaurgarh, dessen Name eingegangen ist in die Annalen von Radschputana, dem Land der Radschputs. Vor Jahrhunderten drangen die Moguln von Nordindien aus immer weiter in den Süden vor, unterwarfen einen Radscha nach dem anderen. Die Moguln waren Muslims, die Radschputs aber Hindus. Der tödliche Kampf zwischen Hindus und Muslims erreichte seinen Höhepunkt in Chittaurgarh. Dreimal in ihrer Geschichte zogen die Verteidiger Chittaurgarhs den Tod der Bekehrung zum Islam vor. Die erste Belagerung fand im beginnenden 14. Jahrhundert statt und sollte zehn Jahre dauern. Als die Situation für die Hindus hoffnungslos wurde, begaben sich die Frauen Chittaurgarhs in feierlicher Prozession in eine unterirdische Höhle und sprangen ins Feuer. Diese Selbstverbrennung nennt man Dschauhar. Die Männer stürzten sich in den Kampf und kamen ohne Ausnahme um. Dieser berühmt-berüchtigte Dschauhar fand ein weiteres Mal 1535 statt. Wieder vernichtete sich die Bevölkerung von Chittaurgarh. 13 000 Radschput-Frauen sprangen in die Flammen. Dann öffnete man die Tore; die Männer in ihren Safrangewändern stürzten sich auf den Feind und suchten den Tod im Kampfe. 33 000 Radschputs kamen ums Leben. Ein drittes Mal rottete sich in einem Dschauhar die Bevölkerung von Chittaurgarh im Jahre 1567 aus.

Udaipur, die südlichste Stadt von Radschastan, liegt langgestreckt an einem Seeufer. Von einer Insel im See leuchtet, einem orientalischen Wunder gleichend, der Palast des Maharadschas. Die Gassen der Stadt sind so verwinkelt, daß ich Schwierigkeiten hatte, wieder herauszufinden.

Ich durchstreifte Udaipur auf der Suche nach einem Gegenstand, den ich heiß begehrte, ohne in seinen Besitz kommen zu können: Ich brauchte dringend

Blick auf Udaipur

Toilettenpapier. Den Indern war nicht nur der Begriff fremd – von der Anwendung ganz zu schweigen –, selbst pantomimische Verständigungsversuche schlugen meinerseits fehl. Im zehnten oder zwölften Laden rief endlich ein Geschäftsmann „aha", als ich gerade wieder einmal schamhaft mit der Hand über meinen Hosenboden fuhr, um meine Bedürfnisse zu erklären, und dazu „toilet paper" sagte. Er schickte den Lehrling ins Warenlager: „Der Herr will eine Brieftasche für seine Papiere." Also wieder Fehlanzeige! Nach einer weiteren Stunde Suchen landete ich bei dem Händler, der als einziger in der Stadt Importware führte. Aus einer Schachtel entnahm er ehrfürchtig das ersehnte Papier und verlangte einen wahren Liebhaberpreis

Blick auf den Palast des Maharadschas

dafür. Briefpapier der Luxusklasse, mit meinem Mono-gramm bedruckt, wäre mich billiger zu stehen gekom-men, hätte ich es für diesen Zweck benutzt.

Gegen Abend fand sich ein neuer Gast in meiner Jugendherberge ein: Patricia, ein hübsches Mädchen aus Irland, 22 Jahre alt. Sie reiste allein durch Indien – und dazu gehört Mut. Die Aufdringlichkeit der Inder machte ihr zu schaffen, was nun wiederum mir die Chance bot, durch europäische Zurückhaltung zu glän-zen. Ihr zu Ehren zog ich mein letztes sauberes Hemd an und errang ihr Herz im Fluge, als ich ihr etwas offerieren konnte, was kein Inder, kein Maharadscha zu bieten hatte: Klopapier!

Wo Flöhe Asylrecht haben

Meine finanziellen Verhältnisse waren inzwischen, objektiv besehen, als katastrophal einzustufen. Für einen Zeitungsartikel hatte man mir zwar vor einer Woche 80 DM aus Deutschland überwiesen, aber die Bank hatte sich geweigert, mir den Betrag anders als in Rupien auszuzahlen, und das obendrein zu einem absurden Wechselkurs. Dennoch war es sinnvoll, das Experiment mit einem Zeitungsartikel zu wiederholen, irgendwie würde ich an das Geld schon rankommen.

Andererseits bot Ahmadabad, das sich in glühender Hitze um mich herum erstreckte, als Stadt nicht viel an Attraktionen, die ich einer deutschen Zeitung in Form eines Berichts schmackhaft machen konnte. Als Rettung in der Not fielen mir die Jains ein. Hatte ich nicht davon gehört, daß diese Anhänger der Wiedergeburtslehre auch in der Stadt Ahmadabad ein „Altersheim" für ausrangierte Haustiere, heilige Kühe, Ratten unterhielten, ein sogenanntes Pinjrapol? Sogar einen Nebenraum sollte es dort geben – mit freier Unterkunft für die Jains –, der übervölkert war von Wanzen, Flöhen und anderen geheimnisvollen Blutsaugern. Zu den absonderlichen Glaubensvorstellungen der Sekte gehört es, sich bei einer Übernachtung in jenem Raum als Nahrungsquelle für dieses Getier zu betrachten und keinem dieser Insekten den Garaus zu machen – denn man könnte ja auch als Insekt wiedergeboren werden . . .

Das war das richtige Asyl für mich . . ., es wäre doch gelacht, wenn sich mit einem Bericht über eine Nacht im Ungezieferheim nicht ein Zeitungsbericht füllen ließe! Und schon stand ich vor der Pforte des Pinjrapol, das etwas außerhalb des Zentrums in einer heruntergekommenen Gegend lag. Die Inder in der Nähe des Einganges betrachteten mich mißtrauisch, als ich den Komplex betrat. Ich suchte den Manager, wurde erst gar nicht vorgelassen, da argwöhnische Diener des Hospitals in mir den unheilbringenden Fremdling witterten, dem man die Wege zu verbauen habe. Vergeblich beteuerte ich meine lautere Gesinnung und kehrte dem Flohparadies beleidigt den Rücken. Aus dem Zeitungsbericht konnte nichts mehr werden . . . Doch die 24 zu Gottheiten erhobenen Heiligen des Jainismus hatten mir bereits Rache geschworen. Sie hatten meine Sinne verwirrt, und diese führten mich zum Hotel *New India*. Eine düstere Nacht sollte für mich anbrechen.

Mitternacht. Ich lag, nur mit einer Turnhose bekleidet, schweißgebadet von der tropischen Feuchtigkeit auf dem schmuddeligen Bett, als mich ein Juckreiz aus dem Dämmerschlaf riß. Ein Griff zur Taschenlampe – es war nur eine Wanze. Ich schlug sie tot, drehte mich friedlich wieder um und wollte weiterschlafen. Doch einer plötzlichen Eingebung folgend, schaltete ich die Zimmerbeleuchtung ein, und siehe da, drei weitere Wanzen ergriffen die Flucht. Das gab mir zu denken. Etwas gründlicher nahm ich mein Zimmer nun in Augenschein. Die Ritzen des Bettgestelles enthielten vertrocknete Überreste weiterer Insekten. Wahrlich ein böses Omen! Während ich nachdenklich am Bettrand saß, mich am Kopf kratzte und in eine Zimmerecke starrte, fiel mein Blick auf eine ganze Kolonie dieser Tiere. Nur Stunden vorher bei den Jains hätte ich begeistert meine nun folgenden Erlebnisse meinem Schreibblock anvertraut und gespannt auf die kommenden Ereignisse gewartet. Jetzt aber wütete ich brutal unter den Tieren, zählte gewissenhaft die Beute und legte 22 Leichen vorsichtig auf ein Stück Papier. Dann löschte ich das Licht, streckte mich arglistig auf dem Bett aus und wartete. Mein Trick zeigte Wirkung. Als ich das Licht wieder anknipste, waren mir 17 weitere Blutsauger auf den Leim gegangen. Mit einigen gezielten Hieben beförderte ich sie ins Jenseits.

Eine aus Deutschland mitgebrachte Dose Insektenspray schien mir hilfreich. In meiner Einfalt stellte ich mir vor, daß mir die deutsche Wissenschaft selbstverständlich das geeignete Mittel in die Hand gegeben habe, meine indischen Widersacher in Sekundenschnelle aus dem Wege zu räumen. Ich mußte eine bittere Enttäuschung hinnehmen. Deutsche Insektizide wirken – erst jetzt las ich die Aufschrift richtig – gegen Fliegen, Motten, Ameisen, Silberfische, Schaben. Von Wanzen aber war nicht die Rede. Was hatte sich der deutsche Drogist wohl gedacht, als ich ein Mittel gegen Ungeziefer verlangt hatte? Ein Strahl, aus fünf Zentimeter Entfernung abgegeben, betäubte meine Kerbtiere nur für einen Augenblick, dann begannen sie munter wieder ihr Werk.

Gegen drei Uhr in der Früh hatte ich 67 Insekten erlegt, die Chance war günstig, die 100 vollzukriegen. Nicht ganz zwanzig Minuten später hatte ich das mir gesteckte Ziel erreicht und erschien am Morgen reichlich übernächtigt beim Besitzer meiner Herberge, um ihm 141 Wanzen zu präsentieren. Meinen vorwurfsvollen Blick mißdeutend, sagte der Kerl nur „thank you" und warf die mühsam erjagte Beute achtlos aus dem Fenster. In der irrigen Ansicht, mein Zimmer sei nun auf Jahre ungezieferfrei, legte ich mich am nächsten Abend zur Ruhe. Stunden später schnürte ich, übel zerbissen, mein Bündel, setzte mich aufs Motorrad und verließ den Ort des Grauens. Auf dem harten Boden eines Feldes, weit außerhalb der Stadt, schlief ich zwei Stunden, bis mich die Sonne und die Fliegen weckten.

Job gefällig?

Mein Motorrad vermittelte mir nicht nur das berühmte Gefühl von Freiheit und Abenteuer, sondern bescherte mir auch immer wieder die Begegnung mit den verschiedensten Menschen. So auch in der Millionenstadt Bombay.

Als ich das *New Shanghai Hotel,* eine ziemlich heruntergekommene Pension, verließ, sprach mich ein junger Mann an, der der Hautfarbe nach Südeuropäer zu sein schien.

„Ich bewundere seit einer halben Stunde dein Motorrad", sagte er in ausgezeichnetem, akzentfreiem Englisch.

„Bist du aus England?" wollte ich wissen.

„Nein, ich bin Parse und studiere hier an der Universität. Wenn du Zeit hast, komm uns doch mal besuchen. Meine Eltern würden sich sehr freuen."

Parsen sind Feueranbeter bzw. Anhänger der Sekte Zarathustras. In der Gegend von Baroda und Surat war ich bereits auf das markanteste Wahrzeichen der 130 000 Parsen gestoßen, auf ihre „Türme des Schweigens". Schon der Begriff „Türme des Schweigens" hatte in mir makabre Vorstellungen geweckt, war mir doch bekannt, daß auf diesen Türmen Leichen ausgesetzt werden, den Aasgeiern zum Fraß. Erde, Wasser oder Feuer dürfen nach persischem Glauben nicht mit verwesenden Körpern verunreinigt werden. In den folgenden Tagen lernte ich die Sittenstrenge einer vor zwölfhundert Jahren aus Persien vertriebenen Religionsgruppe kennen, deren Angehörige in Indien fast ausnahmslos zur wohlhabendsten Schicht gehören. Die Parsen betreiben aus alter Tradition keine Werbung für ihre Religion; niemand wird in ihre Gemeinschaft aufgenommen, dessen Eltern nicht auch schon Parsen sind. Nur unter dieser Bedingung hatten ihnen vor rund tausend Jahren die indischen Fürsten Asylrecht gewährt. Mittlerweile hielten die Parsen Bombays die wirtschaftlichen Geschicke Indiens fest in der Hand. Und Bombay gilt für indische Verhältnisse keineswegs als arme Stadt.

Der Onkel meines neuen Freundes war Bankdirektor; ihm wollte man mich am Nachmittag vorstellen. Ich sollte eine andere, mir bisher noch nicht bekannte Klasse Indiens kennenlernen: die der Reichen und Superreichen. Auf dem Wege zu meinen Gastgebern passierte ich eine Gasse, wo in der Hitze des Tages einige Obdachlose, eng an die Hauswand gedrückt, ihren Mittagsschlaf hielten. Ihr einziges Besitztum war das Tuch, das sie sich um den Leib geschlungen hatten, um die lästigen Fliegen abzuhalten. Eine fette Ratte schnellte vor mir davon und über einen der Schläfer hinweg. Mir blieb der Anblick unvergessen, weil im selben Moment ein Rolls Royce um die Ecke bog. Im Fond saß ein Inder in europäischem Anzug und las die Zeitung. Eine halbe Stunde später wurde ich ihm vorgestellt. Er war mein Gastgeber.

Durch die Bankiersfamilie lernte ich einen etwa siebzigjährigen Privatgelehrten aus dem Süden kennen, einen Tamilen von dunkler Hautfarbe und kritischem Intellekt. Der alte Herr wohnte zusammen mit seiner Schwester und unendlich vielen Büchern in einer geräumigen, spärlich möblierten Zimmerflucht eines einsturzgefährdeten Hauses und lud mich ein, sein Gast zu sein. Nur zu gerne verließ ich das *New Shanghai Hotel.* Mein Gastgeber hatte zahllose Aufsätze geschrieben, war unglaublich belesen und verfügte über eine ätzende Ironie. Er war der typische indische Gelehrte, einer jener asketischen Männer, die es nur in diesem Lande gibt und für die Indien zu Recht berühmt ist. Er lebte anspruchslos, besaß außer seinem um den Leib geschlungenen Tuch, dem Dhoti, und seinem Käppchen kaum weitere Kleidungsstücke; nur eine randlose Brille zierte sein zerfurchtes Gesicht. Wir diskutierten jede Nacht bis zwei Uhr früh über literarische Strömungen, politische Verhältnisse, indische Philosophie – über Gott und die Welt. Dann breitete ich meinen Schlafsack auf dem kühlen Steinfußboden zwischen den vielen Büchern aus und schlief fest und tief bis in den nächsten Morgen.

In jenen Tagen wanderte ich rastlos durch die Straßen der riesigen Stadt. Im ersten Augenblick erinnerte mich Bombay an eine Metropole westlichen Zuschnitts, aber kaum betrat ich den imposanten Hauptbahnhof, den Victoria-Terminus, kam mir fast schmerzhaft zu Bewußtsein, daß ich nirgendwo anders als in Indien sein konnte. Die indischen Menschenmassen ergossen sich mit ihren Körben, ihrem Bettzeug und ihrem Hausrat über die riesige Halle. Sie saßen, standen oder lagen schlafend herum, während sie auf die Abfahrt ihrer Züge warteten – morgen, übermorgen, wer weiß wann. Die roten, in der Sonne leuchtenden Doppeldeckerbusse in den Straßen weckten nur im ersten Moment Erinnerungen an die Londoner City. Sie waren so heruntergewirtschaftet, das Blech vom Rost so zerfressen, die Trittbretter von Menschentrauben so überfüllt, daß eine Fahrt mit ihnen einem Abenteuer mit ungewissem Ausgang glich. An der Bay, nach der die Stadt den Namen Bombay trägt, am Marine Drive, erstreckten sich auf einem dem Meer abgerungenen Gelände neue Wohn- und Geschäftshäuser, die die Illusion vermitteln konnten, man befände sich in einer ganz normalen Millionenstadt. Zwanzig Minuten von jener Bucht entfernt allerdings entdeckte ich sumpfige Felder, auf denen Tausende von armseligen Kreaturen ihr elendes Quartier aufgeschlagen hatten. Ich wagte nicht, das Motorrad zu stoppen und ein Foto von den Zelt-, Pappkarton- und Büchsenblechunterkünften zu machen; ich wollte nicht aus bloßer Sensationslust Elend knipsen. Vom gegenüberliegenden Ufer, dem Malabar Hill, grüßten die Silhouetten der unheimlichen „Türme des Schweigens", dem Begräbnisplatz der Parsen. Ein paar Kilometer von dem schwer bewachten Anwesen der Bankiersfamilie entfernt erstreckte sich direkt neben einer Ausfallstraße wieder ein Elendsviertel. Hätte ich auch nur für einen Moment gehalten, wären die ausgemergelten Gestalten über die Böschung zu mir gestürzt, hätten in mir einen Rettungsanker gesehen, mich um Geld angefleht. Ich konnte mich allzu sehr an Eindrücke aus dem Hafenviertel erinnern, an kloakenhafte Quartiere, in denen in schmierigen Löchern zwölfjährige Mädchen, aber auch aufgedunsene, abgewirtschaftete und von Krankheit zerfressene Prostituierte auf Kundschaft warteten. Opiumsüchtige menschliche Wracks lagen im Delirium und hatten mit dieser Welt abgeschlossen. Ich versuchte vergeblich, nicht mehr hinzuschauen, wenn mir Leprakranke ihre verstümmelten Gliedmaßen entgegenstreckten. Obwohl ich noch nie so viel menschliches Elend auf so engem Raum gesehen hatte, merkte ich, wie ich mich innerlich dagegen verhärtete und abstumpfte.

Als ich beim Bankdirektor meinen Abschiedsbesuch machte, stellte er mir eine überraschende Frage: „Haben Sie nicht Lust, in Bombay zu bleiben? Ich könnte Ihnen eine gute Stellung bei meiner Bank verschaffen."

Ich saß im Kreise der Familie, betrachtete seine hübsche Tochter, den etwas dekadenten, mit den Augenlidern zuckenden Sohn, kraulte den Hund der Tochter hinter den Ohren, knabberte Kekse und überdachte die Situation. Dann lehnte ich das Angebot dankend ab.

Ich verließ die reichste Stadt Indiens, Bombay, mit gemischten Gefühlen. Als sie endlich hinter mir lag und ich den sommerlichen Geruch des weiten Hügellandes einatmete, das sich um mich herum erstreckte, wunderte ich mich, weshalb ich dem Gedanken, ausgerechnet Bankangestellter zu werden, auch nur eine Sekunde Aufmerksamkeit geschenkt hatte. Frei war ich, frei würde ich bleiben. Freiheit, frei sein – es war ein Vergnügen, mit dem Motorrad die Kurven zu nehmen, den Fahrtwind zu spüren. Ohne Helm fuhr ich, damit ich auch ja diesen Wind auskosten konnte. Beim Fahren versuchte ich die Maschine zu umarmen, klopfte ihr auf den Tank, schlenkerte mit den Beinen, hampelte wild auf dem Sattel herum, sang aus voller Brust ein Lied, vom Dröhnen des Motors begleitet – kurz, ich benahm mich so ausgelassen und übermütig wie einer, der seine Freiheit wiedergewonnen hatte.

Die Ente und ihr Hippie

Mein nächstes Ziel lag 750 km entfernt. Ich fuhr die ganze Nacht durch, ohne zu schlafen, und erreichte spätnachmittags die ehemalige portugiesische Besitzung Goa.

Zehntausend Hippies hatten sich einst zum Weihnachtsfest in Goa versammelt, hier hatte einmal der größte Hippieauftrieb aller Zeiten stattgefunden. Glücklicherweise machten die Hippies gerade Ferien. Sie, die sonst die ganze Länge der Calangute Beach bevölkerten, waren nach Nepal in die Berge des Himalaja gefahren. Kaum einer war zurückgeblieben. Verlassen lag das idyllische Dschungelgebiet mit seinen Wasserläufen, den kleinen Dörfern und dem großen Meer vor meinen Augen. Der portugiesische Seefahrer Albuquerque hatte das Land in Besitz genommen, und Angehörige des portugiesischen Adels, an ihrer Spitze Vasco da Gama, der hier auch gestorben ist, hatten dem malerischen Landstrich den Stempel portugiesischer Kultur aufgeprägt. Das heißt keineswegs, daß die Ureinwohner ihre Eigenarten deswegen aufgegeben hätten. Als ich den Priester eines Hindu-Tempels darauf aufmerksam machen wollte, daß um das Götterbild eine Ratte herumlief, schaute er mich verständnislos an. Ich bemerkte meinen Irrtum erst, als ich eine zweite und gar eine dritte Ratte entdeckte: der Tempel war der Verehrung dieser Nagetiere gewidmet.

Das Zentrum des Christentums lag im zehn Kilometer entfernten Alt-Goa. Von blühenden Büschen umrahmt und vom Dschungel umgeben, standen dort in perfekter Konservierung Kirchen, Konvente, selbst das Gebäude der Inquisition, vor dem die Ketzerverbrennungen stattgefunden hatten. Der Palast der Gouverneure präsentierte sich so, als seien seine Bewohner erst gestern ausgezogen. Ich wanderte durch die Kirchen und staunte darüber, wie sehr diese Enklave das Fluidum Europas bewahrt hatte. Für den Rest des Nachmittags fühlte ich mich zu ausgedehnten Besichtigungsgängen nicht mehr in der Lage, da ich in einer Kneipe den Fenni probiert hatte, den in der Umgebung

Barocke portugiesische Kirchen in Goa

gebrannten Branntwein aus Palmensaft. Ich wollte mich gar nicht mehr von meinem klapprigen Stuhl erheben, sondern schaute nur vom Hügel herab in die Ferne und verstand diejenigen Menschen sehr gut, die auf ein Jahr Abschied von der Fließbandarbeit nehmen, um sich, mit ein paar hundert Mark bewaffnet, am Strand von Goa dem Nichtstun hinzugeben. In Deutschland war ich ähnlich wie die Hippies ein Außenseiter der Gesellschaft gewesen. Der Gegensatz zwischen ihrer Weltanschauung und der meinen war erst unterwegs aufgerissen, als ich sie bettelnd durch die Straßen Pakistans, Afghanistans und Indiens hatte ziehen sehen. Die Inder machten keinen Hehl aus ihrer Abneigung gegenüber den Gammlern unter ihnen, die, barfuß, in indische Gewänder gehüllt, so gar nicht dem Ideal entsprachen, das sich ein armseliger Inder von einem Sahib, einem Europäer, machte. Völkerverständigung war auf diese Weise nicht zu erreichen. Ressentiments gegen europäische Staaten sprachen aus den Worten der Einheimischen, wenn sie mich immer wieder fragten, weshalb unsere Regierungen ihnen die Hippies auf den Hals hetzten.

Staunend merkte ich, daß auch ich mich mit meinen deutschen Landsleuten kaum mehr verständigen konnte. Die Inder standen mir mittlerweile näher als die Hippies, ihre Argumente waren mir begreifbarer.

Ein Hippie allerdings fiel aus dem Rahmen. Ich hatte

ihn vor einigen Tagen getroffen und mir seine Geschichte erzählen lassen. Von Hunger geplagt, war er eines Tages in Indien auf Entenjagd gegangen. Irgendwo hinter dem Gebüsch saß der begehrte Braten. Als er sich nahe genug an die Wildente herangepirscht hatte, entdeckte sie ihn und watschelte aufgeregt auf ihn zu, ihn freudig begrüßend. Was sollte der arme Kerl nun tun? Das Tier umbringen, das ihm so viel Vertrauen entgegenbrachte? Also trat er den Rückzug an, doch die Ente folgte ihm schnatternd. Als ich die beiden auf einer glühend heißen Landstraße traf, wanderten sie einträchtig nebeneinander her. Wenn die Ente müde wurde, durfte sie auf dem Rucksack des Travellers sitzen. Seine wenigen Nahrungsmittel teilte er brüderlich mit ihr.

Urlaub vom Urlaub

Inzwischen hatte ich einen Brief von meiner Mutter bekommen, in dem sie mir schrieb, daß sie auf Ceylon Urlaub machen wollte. Bis Rameswaram, wo die Fähre nach Ceylon abging, waren es 1300 km, die ich in zwei Tagen und zwei Nächten hinter mich brachte. Als ich schließlich in Madurai eintraf, war die letzte Fähre gerade abgegangen, die nächste würde erst in drei Tagen ablegen. Während ich noch überlegte, was ich mit der

Der große Tempel von Madurai

neugewonnenen Zeit anfangen sollte, machte ich eine sensationelle Entdeckung: Gleich hinter dem großen Tempel lag ein Restaurant, in dem es Spaghetti gab! Spaghetti mit Tomatensauce!

Ich war völlig ausgehungert, überdrüssig des Chapatty, des Hammel mit Curry, der Linsengerichte und der ewigen Frage: „Vegetarian or non-vegetarian food, Sir?" Hätte es wenigstens irgendwo im großen Indien ein Stück Brot zu kaufen gegeben oder etwas Käse, eine Büchse Corned-Beef oder gar Thunfisch in Öl, Ölsardinen, was weiß ich . . . Aber die Händler hatten nur Reis vorrätig, Hülsenfrüchte, Mehl. Was hätte ich damit anfangen sollen? Ohne Kochtopf! Also war ich auf die kleinen Garküchen angewiesen gewesen, in denen der übermäßig scharfe Curryreis auf Bananenblättern serviert wurde. Besteck gab es nicht, gegessen wurde mit den Fingern. Und in Madurai, sieh an, gab es Spaghetti! An diesem Abend kehrte ich in blendender Laune in mein Rest-House zurück.

Vier Tage später begann für mich ein ungewohntes Leben: ich machte Urlaub von meiner Weltreise. Ein Hotelzimmer wartete auf mich. Das Bett war weiß bezogen, und abends spannten barfüßige, in Sarongs gehüllte Diener fürsorglich ein Moskitonetz darüber. Auf der Hotelterrasse, die von farbenprächtigen Blumen und blühenden Sträuchern eingefaßt war, wurden die Mahlzeiten serviert: Spezialitäten der einheimischen

Sri Lanka zeigte sich mir nur von der heitersten Seite

Küche wechselten mit europäischen Gerichten ab. Kilometerlange Sandstrände, tiefblaues Meer, pittoreske Auslegerboote der Fischer, Ananasverkäuferinnen, abendliches Langustengrillen am Strand . . .

Sri Lanka zeigte sich mir nur von der heiteren und liebenswürdigen Seite. Aber die Menschen, die dort leben mußten, sahen alle Dinge anders. Die Gegenwart war voller sozialer Spannungen; die Singhalesen und die südindischen Tamilen im Nordteil der Insel waren sich spinnefeind. Die Korruption blühte, die Regierung versuchte sich in Nationalismus. Politische Unruhe lag in der Luft. Andeutungen über kommende Ereignisse nahm ich nicht ernst. Immer wieder verschob ich meine Abreise nach Indien um weitere zwei Tage. Ich hatte Angst vor Indien. Ich klammerte mich an Ceylon. Eine Möglichkeit der Aufenthaltsverlängerung auf der paradiesischen Insel ging mir durch den Kopf: Meine Mutter hatte mir mein restliches Sparguthaben aus Deutschland mitgebracht, Geld genug, um einige Zeit davon auf bescheidenste Art leben zu können. Für ein kleines Grundstück, im Dschungel versteckt oder drüben im menschenleeren Osten an der Küste, hätte es gelangt. Womit aber die Hütte darauf bauen? Dafür hätten meine viertausend Mark nicht mehr gereicht. Während ich von einem künftigen Leben auf Ceylon träumte, lief mein Visum ab. Seufzend machte ich mich mit der Idee vertraut, demnächst wieder in Indien zu sein.

Schon der Gedanke, in das staubige, heiße, verkommene und übervölkerte Indien zurückkehren zu müssen, machte mich ganz krank. Indien – für mich bedeutete dieses Land Chaos und unbeschreiblichen Dreck.

Ceylon aber war in diesen Wochen die reinste Erholung gewesen. Ich hatte die Eindrücke, die das Land vermittelte, in vollen Zügen in mich eingesogen: die Palmenwälder genossen, die Parklandschaft und ihre Tierwelt, die exotischen Blumen und Blüten und die Düfte in der Luft, den ewig blauen Ozean, die Kühle und die Frische der Luft oben in den hohen Bergen. Ich hatte die im Dschungel versunkenen Tempelstädte aufgesucht, ehrwürdige Zeugen uralter buddhistischer Kultur, und mich in das Land verliebt. Vor allem: ich hatte Ruhe gehabt, viel Ruhe.

Was mich aber jenseits der Meerenge erwartete, war mehr, als ich manchmal ertragen zu können geglaubt hatte. Indien war für mich ein Kulturschock gewesen. Menschen, Menschen, wohin ich blickte, Menschen, nichts als Menschenmassen, Menschenansammlungen, Menschenanhäufungen . . . Augen, die jeden Europäer verfolgten, die ihn anstarrten, pausenlos. Der Boden der Dörfer und Städte: rot gefleckt von der Spucke der Betelkauer; jede Mauer stinkend von Urin, ein öffentlicher Abort, ohne Scheu zur Entleerung der Gedärme benutzt. Verwesende organische stinkende Stoffe zuhauf versperrten die Straßen, erregten Ekel, zwangen

*Mein Motorrad und ich wurden auch in Sri Lanka neugierig
bestaunt*

zu Umwegen, die Ansiedlungen starrten vor Dreck. Klebrige Schmiere überzog die Hauswände, das Innere der Häuser . . ., ich klebte damals beinahe innerlich, jede Berührung widerte mich an. Bettler . . ., drei Millionen waren angeblich offiziell registriert. Doch gab es viel, viel mehr von ihnen als nur ein paar Millionen. Krüppel, die ihre vom Aussatz zerfressenen Armstümpfe anklagend hoben: „Sahib, Bakschisch, Bakschisch! Sahib!"

In Ceylon war ich niemals derartig direkt auf das Elend, auf die Unterschiede gestoßen worden zwischen meinem materiellen Wohlstand und der Not der mich umgebenden hungernden Bevölkerung. In Ceylon hungerte niemand. In Indien aber bettelten selbst die Hippies, Europäer, die von einer Rupie und etwas Haschisch am Tag lebten. Es war die Hölle, die mich in Indien erwartete. In ein solches Land also sollte ich zurückkehren?

Ich sammelte die Ausrüstungsstücke zusammen, die Packtaschen, den graugrünen Rucksack, die olivgrüne Plane, in der der Schlafsack verstaut war. Es war ein ungewohntes Gefühl, als ich auf die vollbepackte Maschine kletterte. Doch meine alte Abenteuerlust erwachte innerhalb von Minuten. Waren es wirklich nur vier Wochen gewesen, in denen ich das Leben der Landstraße mit einem sehr viel bequemeren vertauscht hatte?

Nach einer letzten Nacht auf der Nordspitze der Insel reihte ich mich früh am Morgen in die Schlange der Menschen ein, die auf das Fährschiff nach Indien warteten. Unter ihnen bemerkte ich auffallend viele Tamilen. Diese Menschen, in Ceylon geboren, jedoch keine Bürger dieses Landes, wurden zwangsweise nach Indien ausgesiedelt, woher ihre Väter, angelockt durch die Löhne auf britischen Teeplantagen, gekommen waren. Der Vormittag verging mit der Abwicklung der Zollformalitäten für so viele Ausreisende.

Nachdem wir endlich formell aus Ceylon entlassen waren, stach das Schiff in See, und nach wenigen Stunden näherte sich die indische Küste.

Der Barbier von Trivandrum

Nach einigen Stunden Fahrt in Richtung auf die Südspitze Indiens kam mir bei einbrechender Dunkelheit eine Prozession entgegen. In einem Tragesessel saß auf reichgeschmücktem Pferd eine aufgeputzte Gestalt. In Erinnerung an die vielen Hindu-Hochzeiten, an denen ich im Norden Indiens teilgenommen hatte, näherte ich mich erwartungsvoll dem vermeintlichen Bräutigam, um ihm meine Glückwünsche darzubringen. Als ich ihn beinahe erreicht hatte, zuckte ich zusammen. Zu meinem Schrecken sah ich, daß die festlich geschmückte, leicht schwankende Gestalt ein Leichnam war. Ich war in einen Begräbniszug geraten! Schleunigst trat ich den Rückzug an.

Sobald ich den nächsten größeren Ort erreicht hatte, steuerte ich einen Friseur an. Ein Besuch bei einem indischen Barbier ist ein Genuß ganz besonderer Art. Zunächst bekommt man die neueste Tageszeitung in die Hand gedrückt, während der Meister mit den Vorbereitungen beginnt. Mit Verve schlägt er den Schaum und seift den Kunden ein, der mittlerweile vom politischen Teil zu den Lokalnachrichten übergeht. Durch einen sanften Druck gegen die Nase zeigt der Meister an, daß man die Lektüre zu unterbrechen und den Blick gegen die Decke zu richten hat, damit er auch unter dem Kinn die Stoppeln entfernen kann. Kein Grund zur Befürchtung, daß einem die Sportnachrichten entgehen werden. Obwohl die Haut nach europäischen Begriffen schon glatt rasiert ist, holt der Meister die Seifenschale erneut herbei, die Prozedur beginnt ein zweites Mal: Schaum schlagen, Einseifen, Schaben, ein Druck gegen die Nase, ein Blick zur Decke – dazwischen ein paar freundliche Worte an Vorübergehende, die dem Friseur einen guten Morgen wünschen. Ein kleiner Junge bringt den im Preis von neun Pfennig inbegriffenen Tee aus der benachbarten Teestube, und als Krönung der Prozedur wird der Kunde mit einem Rasierwasser eingerieben, das vom Norden Indiens bis zum tiefsten Süden, von den kleinsten Dörfern bis zu den größten Städten gleich unangenehm, dennoch orientalisch-interessant riecht.

Als ich jetzt in dem Städtchen Nagarcoil in der Nähe von Cap Comorin beim Friseur die Zeitung las, fiel mein Blick auf eine erschreckende Schlagzeile: Ausnahmezustand in Sri Lanka, gesperrte Grenzen, Schiffsverkehr nach Rameswaram eingestellt, Tote im Lande . . . Vorgestern hatte ich Ceylon nichtsahnend verlassen, doch nur Stunden nach meiner Abfahrt schien ein allgemeines Ausreiseverbot ergangen zu sein. Ich hatte vor der Rückkehr nach Indien Angst gehabt. Mittlerweile war es meine Rettung geworden.

Die Polizei – dein Freund und Helfer

Während ich langsam die Westküste entlangfuhr, näherte ich mich einer Dschungelregion. Ein großes Straßenschild mit der Aufschrift *Kerala* tauchte vor mir auf. Der Bundesstaat Kerala bedeutete: Christentum, kommunistische Regierung, freier Alkoholverkauf, weniger Analphabetentum als im übrigen Indien. Am leichtesten ließ sich der freie Alkoholkonsum überprüfen. Schon in der ersten Ortschaft hinter der Landesgrenze von Kerala, Puvar hieß das Nest, lockte ein Laden mit der Aufschrift *Toddy*. Aus Palmensaft wurde in Kerala Palmwein hergestellt und dann zu Schnaps destilliert. Zielstrebig steuerte ich die Bretterbude an. Ich stolperte in einen Vorraum, wo der Wirt mit verschiedenen Gefäßen hantierte. Er wies mich in den rückwärtigen, fensterlosen Anbau. Um einen länglichen Tisch saßen schweigende Trinker. Mit glasigen Augen starrten sie auf ihren Schnaps und würdigten mich keines Blickes. Der Bretterverschlag, der die hier zechenden Christen vor den Augen ihrer sittenstrengen hinduistischen Landsleute verbarg, empfing sein Licht von oben. Wortlos schob mir der Wirt ein Glas zu. Das Getränk schmeckte stark und aromatisch. Eingesperrt zwischen den grün gestrichenen, kahlen Holzwänden, den Arm auf einen schmutzigen Tisch gestützt, umgeben von apathischen Gestalten, fühlte ich mich wie in einem Trinkerasyl. Um den Alkohol wenigstens nicht auf nüchternen Magen trinken zu müssen, bat ich um etwas zu essen. Der Wirt brachte mir das einzige, was er hatte: hartgekochte Eier. Erst nachdem ich das Glas geleert hatte und, von einem Fliegenschwarm umsummt, zur Tür schritt, merkte ich die Wirkung des Alkohols.

Draußen blendete mich die Helligkeit. Etwas benommen starrte ich auf die Menschenmenge, die sich vor der Bude angesammelt hatte. Mein Motorrad war zunächst nicht zu sehen. Dafür erblickte ich zu meiner Verwirrung zwei Polizisten, die auf mich zukamen. Die Menschenmenge wich auseinander, ich konnte das Motorrad erkennen. Die beiden Polizisten begleiteten mich zu meiner Maschine. Als der eine merkte, daß ich Schwierigkeiten hatte, das Motorrad zu besteigen, trat er eilfertig hinzu, um es festzuhalten. Der andere bahnte mir, als ich endlich startklar war, ehrfurchtsvoll eine Gasse durch die Menschen. So brauste ich – mit dem Segen der Vertreter von Zucht und Ordnung – immer noch leicht benebelt von dannen.

Die Hauptstadt des Landes, das heiße Trivandrum, war früher Sitz des Maharadschas von Travancore. Sein einstiges Gästehaus in Quilon sollte mein nächstes Nachtquartier werden. Ich hatte mit einem einfachen *Rest-House* gerechnet und fand mich zu meiner Verblüffung im Garten eines Palastes wieder, wo einige Diener den Rasen sprengten, während andere unaufgefordert mein Gepäck vom Motorrad hoben und in ein Gästezimmer des ersten Stockes trugen. Außer mir gab es noch einen holländischen Gast. Wir zwei wurden von sieben Dienern umsorgt. Unsere Mahlzeiten nahmen wir im herrschaftlich gedeckten Speisesaal ein, wo uns von Dienern serviert wurde, die dem Alter und Aussehen nach wahrscheinlich schon zur fürstlichen Hofhaltung gehört hatten. Auf der Terrasse wartete ich in einem bequemen Schaukelstuhl die kühleren Stunden ab, oder ich spazierte durch den Garten hinunter zu einem Wasserlauf, auf dem Schiffe entlangzogen. Im Hause und im Park herrschten absolute Stille. Abends waren die Betten bereitet und die Moskitonetze darüber gespannt – es war ein Leben in Luxus, für drei Mark fünfzig pro Tag!

Eines Nachmittags beschlossen der Holländer und ich, dem Dschungel, in dem ein Tempel lag, per Motorrad einen Besuch abzustatten. Zutritt zu diesem hatten allerdings nur Hindus. Ich war sehr enttäuscht, denn aus dem gleichen Grund hatte man mir auch die Besichtigung des Tempels von Trivandrum verwehrt, und das lag erst drei Tage zurück. Kurz entschlossen verlangte ich, den Tempelmanager zu sprechen. Seit meiner Bekanntschaft mit Amarjit wußte ich, daß jeder Hindu-Tempel von einem Mann verwaltet wird, der diesen Amtstitel trägt. Ich blieb mit dem Manager allein, während der Holländer vor der Tür wartete. So errötete ich nicht einmal, als ich ihm die Lüge auftischte: „Mein Freund und ich sind Hindus aus Europa – European Hindus, you understand?"

„Das bitte hier aufschreiben", sagte der Manager und schob mir ein leeres Blatt zu.

In meinem besten Englisch brachte ich einige Sätze zu Papier und erklärte, daß wir, der Holländer und ich, eigens nach Kerala gekommen seien, um Lord Krishna zu verehren. Dieses Papier legte der Tempelmanager in eine Schreibtischschublade. Für ihn war der Fall damit erledigt, wir hatten freien Zutritt.

Im Tempel wurden wir mit Blütenketten geschmückt, mit Öl bestrichen, unsere Stirnen wurden farbig bemalt. Mein ahnungsloser Freund, schwitzend, dicklich und bieder, ließ alles mit sich geschehen, bis er einer Götterstatue seine Verehrung erweisen sollte.

„Was soll denn das", schrie der Ahnungslose empört. „Ich bin doch kein Hindu, ich bin Katholik! Was stellen die sich eigentlich vor?"

Das hätte er nicht sagen dürfen, denn hiermit endete abrupt unser Besuch in dem Heiligtum. Auf der Rückfahrt machten wir uns gegenseitig Vorwürfe.

„Das hast du fein gemacht", sagte ich. „Damit hast du unsere ganze Besichtigung vermasselt."

„Du bist gut", antwortete er, „du hättest mich doch zumindest fragen können, bevor du unsere Religion verleugnest."

Viva Salami!

Entlang der Küste von Kerala ziehen sich Kanäle und Flüsse, Seen und Inseln, die, durch einen breiten Uferstreifen vom palmenbestandenen Meeresstrand getrennt und manchmal tief landeinwärts gezogen, eine Wasserlandschaft von tropischem Reiz bilden. Es sind die sogenannten *backwaters*, die zweimal täglich durch Schiffe erschlossen werden. Die Strecke von Quilon nach Alleppey per Boot sollte neun Stunden dauern, und von dort brauchte man nach Cochin, einer der malerischsten Städte Indiens, noch einen weiteren Tag. Es versteht sich von selbst, daß ich diese Paradieslandschaft nicht per Motorrad, sondern per Boot kennenlernen wollte. Und so kaufte ich mir in Quilon ein Ticket für mich und mein Motorrad, wofür ich umgerechnet etwa 40 Pfennige bezahlte. Unter großem Hallo wurden wir, Motorrad und ich, auf ein etwa 50 Personen fassendes altertümliches Motorschiff geladen.

In den backwaters von Kerala

Die *backwaters* sind ein stehendes Gewässer, das parallel zum Meer verläuft, ohne direkte Verbindungen zu ihm. Aus dem Wasser ragten Stöcke, die die Fahrtrinnen kennzeichneten, auf denen unzählige Boote verkehrten. Lastkähne wurden von ein bis zwei Mann mit langen Bambusstangen gestakt, eine unglaublich mühsame, in der feuchten Hitze kräftefressende Arbeit. Die Männer trugen nur Lendenschurz und kegelförmige Basthüte, wie die Chinesen. Lange, klobige Boote wurden von unförmigen Segeln angetrieben, die mehr aus Löchern bestanden als aus Bast. Viele Meter weit vom Ufer entfernt, im offenbar seichten Wasser, ragten menschliche Köpfe aus der Wasseroberfläche. Sie waren mit großen Turbanen umwickelt, damit man sie schon von ferne bemerkte und nicht mit dem Schiff überfuhr. Es waren Fischer, die bis zum Kinn im Wasser standen und auf Beute lauerten. Hin und wieder tauchten dunkelhäutige Gestalten neben schmalen Fischerbooten im Wasser unter und kamen einige Sekunden später – mit einer Schaufel voller Schlick – wieder zum Vorschein. Ohne die „Froschmänner" wäre die Fahrrinne über kurz oder lang unpassierbar geworden.

Unser Dampfer legte manchmal auffallend lange am Ufer an, länger, als zum üblichen Erfahrungs- und Neuigkeitenaustausch mit den Einheimischen nötig war. In solchen Fällen war die Schiffsbesatzung zum

Essen gegangen oder trank Tee. Das Ganze nannte sich dann Mittagspause und wurde von den Passagieren zu einem Schläfchen genutzt. Einmal nun fuhr und fuhr das Schiff nicht weiter, mich aber plagte ein ganz gewaltiger Hunger. Plötzlich fiel mir ein, daß ich eine unwahrscheinlich schöne, mit einer weißen Schutzhaut versehene Dauerwurst besaß, die ich kürzlich aus Deutschland bekommen hatte. Also begann ich, diese Wurst – „Westfälische Salami nach ungarischer Art", wie auf dem Etikett zu lesen war – aus meinem Gepäck zu kramen.

Ein Schläfer neben mir blinzelte mit einem Auge . . . und war im nächsten Moment hellwach. Zwar war auch ich eine fremde Erscheinung, und mein Motorrad nicht weniger. Aber diese Wurst – im Kerala der Kokosnüsse und Mangofrüchte – das war nun doch zu exotisch! Innerhalb von 15 Sekunden war das ganze Schiff hellwach, die Passagiere umstanden mich und redeten aufgeregt durcheinander. Ich schnitt unterdessen genüßlich eine Scheibe von dieser Wurst ab, beachtete niemanden, entfernte die weißgestrichene Pelle und steckte mir die Scheibe in den Mund. Die Leute gerieten fast aus dem Häuschen. Niemand sprach Englisch, keiner konnte den Dolmetscher machen, um mich zu fragen, was denn das sei, was ich da aß. Endlich wußte einer der Passagiere Rat: Man müsse die Schiffsbesatzung holen. Die fünf Schiffer wurden von ihrem

Mittagessen weggezerrt, kamen, und auch sie staunten nicht schlecht. Fast alle diese Leute waren aus religiöser Überzeugung heraus Vegetarier. Schließlich – ich kaute gerade an der fünften Wurstscheibe, warf ein hagerer, dunkelhäutiger Mann, der offenbar die Welt kannte, das entscheidende Wort in die Diskussion: „Kotelett!" Ah, jetzt wußte man es. Von Mund zu Mund verbreitete sich das Wort „Kotelett", auch die hinten Stehenden bekamen es mit, und jetzt, nachdem das Rätsel gelöst war, hatte es viel von seiner Anziehungskraft eingebüßt. Die Leute legten sich wieder auf die Bänke, die Besatzung nahm ihre Arbeit wieder auf. Wir legten ab.

Die Dschungelgegend machte einer herberen Landschaft Platz: Reisfelder, überall Reisfelder. Als grünlich schimmernde Wasserflächen lagen sie rechts und links von unserer schmutzigbraunen Fahrrinne. Mitten aus dieser Wasserlandschaft erhoben sich winzige Inselchen mit den Häusern der Reisbauern. Wasserbüffel zogen die Pflüge, Menschen standen bis zu den Knien im Wasser, um die Reispflanzen umzusetzen, dünne Reihen von Palmen bildeten eine Art Begrenzung. Weiße Reiher stelzten über die Reisfelder und warteten auf Frösche. Die Sonne brannte, die Hitze des Nachmittags war groß, die Fahrgäste auf dem Schiff schliefen wie üblich. Müde geworden, hatte ich meinen Ausguck verlassen, mich auf eine der Sitzbänke gelegt und war eingeschlafen. Durch einen stechenden Juckreiz war ich gleich danach erwacht und hatte mich auf die andere Seite gedreht. Doch nur auf eine Minute. Mit einem Wutschrei holte ich aus meinem Gepäck am Heck die berüchtigte Büchse DDT-Spray. Ich zog Blue jeans und Hemd aus und begann sie wild mit DDT zu besprühen. Anschließend sprühte ich die Ritzen der Sitzbank aus, alles von nicht eben leisen und nicht eben feinen deutschen Schimpfworten begleitet. Meine Mitpassagiere aber waren schon längst von dem fremdartig riechenden Sprühnebel alarmiert, der zischend aus der Blechbüchse entwich und in ihren Augen etwas Unheimliches, ein Teufelszeug war. „Wanzen", schrie ich aufgebracht. Man blickte mich verständnislos an. Ich deutete auf meinen zerstochenen Rücken und brüllte: „Schweinerei!" Da endlich verstanden mich alle Anwesenden und fingen an zu lachen. Sie lachten und lachten, deuteten auf meinen Rücken und konnten sich vor Lachen nicht beruhigen. Je mehr sie lachten, desto wütender wurde ich, schwieg dann aber gekränkt und blickte betont verächtlich jedem einzelnen der Lacher in die Augen.

Als man genug gelacht hatte, kam einer der Passagiere auf mich zu, holte eine Streichholzschachtel aus der Tasche und erklärte mir mit Gesten etwas, was ich nicht gleich verstand. Später kapierte ich die Sache schon, denn das Streichholz, das er aus der Schachtel zog, war entschieden erfolgreicher als mein aufwendiges DDT-

Sprühsystem. Mit einer gekonnten Handbewegung, die Übung verriet, stocherte der Inder mit dem Streichholz in einer Ritze, auf der ich saß, und erschrocken rannten drei Wanzen davon. Ein Druck mit der Zündholzspitze, und nur noch Blutflecken blieben übrig. Blut von meiner Blutgruppe! Die nächste Ritze wurde bestochert, und wieder liefen Wanzen um ihr Leben. Die anderen Passagiere entdeckten ihren Spaß an diesem neuen Spiel und beteiligten sich unter Einsatz mehrerer Streichhölzer. Die Stimmung wuchs, es entwickelte sich eine Art Wettkampf um Höchstleistungen.

Wer zuletzt lacht...

Über der Flußlandschaft war der Abend hereingebrochen. Die Sonne war hinter den Palmen als roter Ball untergegangen, die Gebüsche wurden graugrün. In den Hütten brannten die ersten Petroleumlichter. Den grauen Fluß herunter zogen urzeitliche schwarze Schiffe mit ihren unförmigen, jetzt anthrazitfarbenen Kokosfasersegeln. Moskitos summten, Frösche quakten. Ab und zu sprang einer von einer Wasserpflanze herunter. Der Strom hatte sich wieder einmal zu einem großen See erweitert. Von ferne leuchteten über diesen See Lichter: dort lag die Stadt Alleppey, Endziel der

Sonnenuntergang über der Flußlandschaft

heutigen Reise, falls ich nicht in ein Schiff nach Cochin umstieg.

Zum Umsteigen kam ich aber gar nicht, denn es gab Streit, und zwar zwischen mir und der Gewerkschaft der Lastenträger von Alleppey. Wie das geschah? Ganz einfach.

„Sieben Rupien Sahib. Du mußt das vorher zahlen", verlangte der Vorarbeiter der Kulis, die mein Motorrad vom Schiff laden sollten, was, wenn man zu zweit war, keine zehn Sekunden dauerte.

„Sieben Rupies!" rief ich aufgebracht. „Fünfmal soviel wie der Fahrpreis für die ganze Reise willst du für den Moment, den du brauchst, um mein Motorrad auszuladen? Du spinnst wohl!"

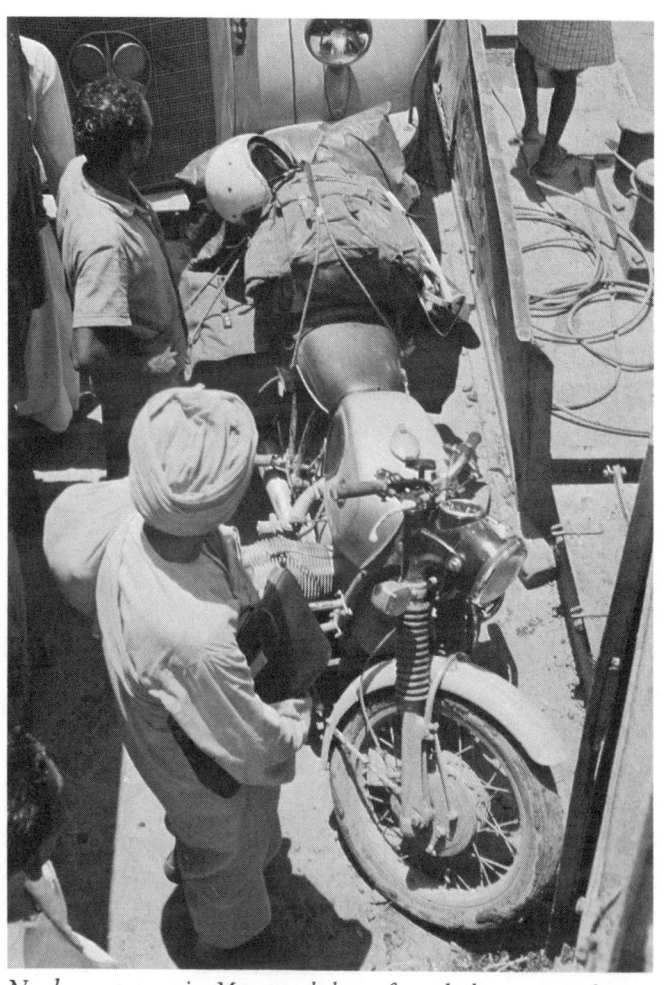

Noch wartet mein Motorrad darauf, entladen zu werden ...

Ein uralter Mann, der gut Englisch sprach und sich als Kommunist und Chef der Lastenträger vorstellte, meinte: „Wenn Sie den tariflichen Betrag nicht zahlen wollen, wird das Motorrad eben nicht ausgeladen. Kapiert?"

Ich gab dem Mann keine Antwort und machte mich auf die Suche nach Brettern. Aber auch nachdem ich Bretter organisiert und ans Boot gelegt hatte, schaffte ich es nicht alleine, das Motorrad über den Bordrand auf die Bretter zu hieven. Etwa 50 Lastenträger und Schiffer beobachteten interessiert meine Anstrengungen, debattierten meine Erfolgschancen und kamen mir selbstverständlich nicht zu Hilfe. Dafür erschien wieder der alte Mann.

„Wollen Sie nicht doch lieber die sieben Rupien zahlen?" redete er auf mich ein. „Meine Leute sind hungrig, ich bin Kommunist, ich muß für sie sorgen."

„Ich bin auch hungrig, auch Kommunist, und sieben Rupies sind für den Handgriff einfach zu viel", fuhr ich ihn wütend an. Der Alte zog sich beleidigt zurück. Mit brüderlicher kommunistischer Hilfe war nicht zu rechnen, und ich ging in die Stadt, um etwas zu essen. Ich war sicher, daß mein Motorrad während meiner Abwesenheit nicht beschädigt, mein Gepäck nicht gestohlen würde, im Gegenteil, daß 50 Lastenträger, auf meine weiteren Aktionen gespannt, es bewachen würden.

Kurze Zeit später holte mich ein Polizist aus der

Kneipe, in der ich ein Currygericht aß.

„Sahib, Sie müssen sofort das Motorrad vom Schiff entfernen, der Schiffsraum wird benötigt", erklärte er mir. Es war finstere Nacht, und auch der alte Mann war wieder da, diesmal in Begleitung eines weiteren Gewerkschaftsfunktionärs, der sich als Vermittler anbot. Die Menge war unruhig geworden, man nahm erregt Anteil am Geschehen. Ich kramte in meinen Hosentaschen herum und fand, o Wunder, vier Rupien, gerade den Betrag, der mir in meinem Falle als angemessenes Honorar erschien. Die drückte ich dem Alten in die Hand und versicherte bedauernd, mehr hätte ich wirklich nicht, und überdies würde ich die Tarife kennen. Er lachte, und in fast freundschaftlicher Atmosphäre wurde mein Motorrad mit vereinten Kräften an Land geschoben.

Spät in der Nacht wollte ich, von Durst geplagt, einen Tee trinken. Und wen traf ich in der Teestube? Den Alten, Chef der Lastenträger von Alleppey.

„Das war vorhin ein großer Spaß", erklärte er schmunzelnd. „Aber jetzt muß ich dir etwas verraten: Laut Tarif hättest du viel weniger bezahlen müssen. Nach meinem Geschmack hast du nur zuviel gebrüllt."

„Dr. Kjuchnil" –
der Ehrengast aus Europa

Cochin, die größte Stadt Keralas, ist das Venedig Indiens. Die einzelnen Stadtteile sind mit Ruderbooten erreichbar. Der Fahrpreis beträgt im allgemeinen 5 oder 10 Paisa, umgerechnet ein bis zwei Pfennige. Man kann sich also viele Bootsfahrten leisten, ohne sein Budget über Gebühr zu strapazieren. Eine Fahrt mit dem Motorboot kostet dasselbe, denn Muskelkraft ist nicht teurer als Dieselöl, eher umgekehrt. Die Bewohner der Stadt sind hellhäutiger als die sonstigen Südinder, sie sind Keraliten, und ihre Sprache heißt *Malayalam*. Die Namen der Einwohner deuten teilweise auf arabischen und portugiesischen Ursprung. Ein Viertel von ihnen sind Christen, die den verschiedensten Glaubensrichtungen angehören.

Der Hauptausfuhrartikel Cochins ist schwarzer Pfeffer, dicht gefolgt von Garnelen. Abends landen die Motorkutter, und die Krabben werden an Ort und Stelle sortiert und nach Größe verkauft.

Die Seen- und Wasserflächen zwischen den einzelnen Teilen der Doppelstadt Cochin-Ernakulan sind auch für Hochseeschiffe passierbar, die dicht vor Villen und

Bambushütten ankern. Das Wasser ist sauber, grau-blau, meist etwas vom Wind gewellt, von zahlreichen kleineren Schiffen und Booten bevölkert, die sich mit Hilfe von Segeln und Rudern fortbewegten, mit Säcken und Kisten beladen wurden und von zerlumpten, drahtigen Figuren bemannt waren. Die Häuser der Stadt sind meist ebenerdig oder einstöckig und überwiegend gelb oder hellblau gestrichen.

Ich fühlte mich wohl in Cochin. Abends genoß ich die Brise von der See. Ich konnte sogar den altmodischen Ventilator meiner Herberge abschalten, ohne von Moskitos belästigt zu werden. Als ich an meinem letzten Tag einen Spaziergang durch die Stadt unternahm, sprach mich auf der Straße ein Inder an, der sich mir als Professor Chumar vorstellte. Normalerweise stellte ich mich taub, wenn ich angesprochen wurde, doch dieser Professor war etwas Besonderes. Er hatte ein Bündel mit Schriften bei sich, die alle er verfaßt hatte. Er schrieb jede Woche mindestens eine weitere Broschüre – oft zwei, manchmal drei oder vier Seiten lang –, die er drucken ließ und deren Titel er seinem umfangreichen Veröffentlichungsverzeichnis hinzufügte. Professor Chumar erklärte mir, er sei der Organisator des am nächsten Tag stattfindenden Kongresses zur Erforschung des *Chauvittunatakam*.

„Chauvittunatakam! Aber das ist ja gerade mein Spezialgebiet", rief ich spaßeshalber, nicht ahnend, was auf mich zukommen sollte.

Der Professor faßte meine Bemerkung jedoch nicht als Scherz auf, sondern entgegnete todernst: „Dann holen Sie aber schnellstens Ihr Gepäck aus dem Hotel. Sie sind jetzt Gast des Kongresses. Selbstverständlich logieren Sie in einer Villa am Wasser; auch die Verpflegung ist kostenlos."

Das alles sprudelte Professor Chumar in einem rasselnden Englisch herunter und schickte einen Diener los, mein Gepäck in meine neue, standesgemäße Unterkunft zu schaffen.

Am Abend besuchte mich der Professor in meiner neuen Bleibe. Ich hatte mittlerweile herausgefunden, was dieses zungenbrecherische Wort bedeutete. Chauvittunatakam ist eine Art christliches Tanzdrama aus dem 16. Jahrhundert, das heute noch unter der christlichen Bevölkerung Keralas aufgeführt wird, und zwar nicht in der Landessprache Malayalam, sondern in der Tamil-Sprache, die im 16. Jahrhundert in Kerala gesprochen wurde. Wörtlich übersetzt heißt Chauvittunatakam „Stampf-Tanz-Drama". Die Portugiesen hatten für diese volkstümlichen Spektakelstücke, gedacht für zum Christentum bekehrte Inder, europäische Themen nach Indien übermittelt, z. B. das französische Rolands-Lied. Das Heldenlied vom treuen Roland (in einer 1458 in Frankreich geschaffenen Umformung) wurde erstmalig anläßlich einer Synode im Jahre 1599 in Cochin aufgeführt und hat sich hier bis heute erhalten. Professor Chumar versprach mir, daß ich bereits morgen das gesamte Stück, fehlerfrei in der Tamil-Sprache rezitiert, von alten Leuten vorgeführt bekäme.

Ich weiß bis heute nicht, welcher Teufel mich eigentlich ritt, als ich mich dem Professor gegenüber als Spezialist für das Rolandslied und insbesondere das Chauvittunatakam ausgab. Ja, ich ging sogar noch weiter und behauptete frech, ich hätte diese Reise u. a. auch deswegen unternommen, um meine Kenntnisse in diesem Bereich zu erweitern und zu vertiefen. Professor Chumar lauschte meinen Ausführungen mit leuchtenden Augen und beschwor mich, mit keinem Wort zu erwähnen, daß ich nur als Tourist in Indien unterwegs sei, sondern zu erklären, daß ich eigens zu diesem Kongreß angereist sei. Noch am selben Abend stellte er mich einigen Honoratioren und Mäzenen des Kongresses vor, dem Polizei-Subinspektor, dem Bankfilialleiter, der in seiner Funktion als Geldgeber die Eröffnungsansprache zu halten hatte, und dem Vorsteher der jüdischen Gemeinde, die einige wertvolle Masken zur Verfügung stellen sollte.

Der Kongreß fand in der Aula eines Gymnasiums statt. Als die Festvorträge begannen, saß ich zwischen den vier wichtigsten Referenten direkt neben dem Rednerpult mit Blick auf die Versammlung. Keiner der

Redner versäumte es, „Dr. Kjuchnil" als Gast aus dem fernen Germany herzlich zu begrüßen, der von der Universität München komme und Spezialist für das „Stampf-Tanz-Drama" in Bayern sei. Professor Chumar sonnte sich in dieser eher bescheidenen Runde (Turnhalle mit Erdboden, ein paar balgende Kinder, ein Hund, der zwischen den Holzbänken herumschnüffelte) in dem Ruhme, diesem Kongreß einen Delegierten nicht etwa aus Nord- oder Ostindien, nein, aus dem Ausland vorführen zu können. Das wertete die Sache in den Augen der Inder doch entschieden auf, die auf Anerkennung aus dem Ausland höchsten Wert legen. Um meine Wichtigkeit noch zu betonen, hatte ich meinen kleinen Kassetten-Recorder mitbringen müssen, der mit viel Trara und Aufwand neben dem Rednerpult aufgestellt wurde. So werden meine staunenden Enkel noch in vielen Jahren die Lobesworte hören können, die einst im fernen Indien über ihren Großvater gesagt wurden.

. Einer der Redner wies nun auf die wachsende Bedeutung des Chauvittunatakam hin, die allein schon aus der Tatsache hervorgehe, daß man sich selbst in Deutschland mit diesem christlichen Tanzdrama befasse, wie ihm der prominente Delegierte Dr. Kjuchnil erzählt habe. Einige andere Referenten erklärten dazu spontan, sie hätten ihre Referate zwar in Malayalam abgefaßt, mit Rücksicht auf den Delegierten aus Deutschland würden sie aber zunächst eine Zusammenfassung in Englisch versuchen.

Mir wurde die Situation allmählich immer peinlicher. Der schrecklichste Moment jedoch kam, als Dr. Kjuchnil persönlich ans Mikrofon gebeten wurde. Ich hatte bis dahin Coca Cola getrunken, nun bedauerte ich, daß ich mich nicht mit Gin oder Arrak abgefüllt hatte. Vielleicht hätte ich dann meine Rede sogar in fließendem Malayalam halten können. So hingegen stand ich wie ein Klotz am Rednerpult und starrte wie hypnotisiert auf die Versammlung, die mich erwartungsvoll anblickte. Meine Stimme schien aus weiter Ferne zu kommen, während mir der Schweiß auf die Stirne trat. Doch bald fing ich mich und sprach einige schlichte, aber eindrucksvolle Worte über Bayern, den südlichsten und farbenprächtigsten Teil Deutschlands, sodann über Kerala, im Süden Indiens gelegen und voller Farben und Tradition, fügte etwas von „Gemeinsamkeiten" hinzu und bedankte mich anschließend artig für die Einladung zu diesem Kongreß in Cochin, der für mich ein unvergeßliches Erlebnis bleiben würde. Unter Beifallklatschen begab ich mich zurück auf meinen Platz und schwor mir innerlich, nie wieder meinen Spaß mit der Wissenschaft zu treiben.

Nach Beendigung der Vorträge wurde die Ausstellung eröffnet, alte Männer aus Dörfern von Kerala trugen Chauvittunatakam-Szenen vor, und abschlie-

In den Bergen von Südindien

ßend präsentierten sich die wichtigsten Referenten des Kongresses, mit Dr. Kjuchnil in ihrer Mitte, dem Fotografen der *Kerala Times*, Hüte und Helme des Chauvittunatakam auf ihre Köpfe gestülpt, um zu demonstrieren, daß auch hohe Herren jovial sein können. Nach meinem anstrengenden Vortrag suchte ich Erholung hoch in den Bergen, in der südindischen Sommerfrische Ootacamund. In dieser herben Landschaft fühlte ich mich 15 000 km zurückversetzt in die Eifel. Einziger Unterschied waren die Eukalyptuswäldchen, die die Luft mit ihrem würzigen Duft erfüllten.

Doch bald schon zog es mich weiter gen Osten zu den Tamilen des Landstrichs um Madras, wo die schönsten Tempel Südindiens liegen sollten, ganze Tempelstädte, eine Zauberwelt von eigenartigem Gepräge.

Glück im Unglück

Wo immer ich in Indien hinkam, mein Motorrad und ich standen stets im Mittelpunkt des Interesses. Und immer wieder erlebte ich dabei eine mir unerträgliche Neugier und Aufdringlichkeit, aber auch eine überwältigende Güte und Hilfsbereitschaft.

Wie schon in vielen Städten und Dörfern hatten auch die Einwohner von Mysore entdeckt, daß die Lichthupe auch ohne eingeschaltete Zündung funktionierte. Als ich von einem abendlichen Rundgang zurückkam, ärgerte ich mich wieder einmal mächtig über eine nicht gerade kleine Menschenansammlung, die mein Transportmittel umringt hatte und sich pausenlos dem Spielchen hingab, mit Hilfe der Lichthupe Signale zu geben. Der Hotelier stand vor dem Tor und half mir, meinen ganzen Stolz vor den spielwütigen Spezialisten in den Innenhof seines Hotels in Sicherheit zu bringen. Beruhigt beschloß ich, noch einen Bummel durch die Außenbezirke von Mysore zu machen. Als ich müde das Hotel betrat, irritierte mich ein flackernder Lichtschein im Innenhof. Ich beschleunigte meine Schritte und ertappte den Hotelier bei einer Privatvorstellung. 120 oder 150 seiner engeren Freunde und Nachbarn hatten sich um die Maschine geschart und bewunderten seine Fähigkeit, Lichtzaubereien mit meiner Hupe zu vollführen. Mein furchterregendes Gebrüll vertrieb in Sekundenschnelle die Ansammlung und verscheuchte genauso effektiv die restlichen Gäste, die gespannt aus den Fenstern der Herberge blickten.

Es war eine ziemlich einsame Gegend, die ich am nächsten Tag zu durchqueren hatte. Ich fuhr gemütlich durch die sandige Hügellandschaft und überließ mich meinen Gedanken. In einer unübersichtlichen Kurve kam mir auf der falschen Straßenseite unvermutet ein Fuhrwerk entgegen. Urplötzlich aus meinen Gedanken gerissen, bremste ich scharf, der Vorderreifen verfing sich in tiefem Sand, das Motorrad begann zu schleudern, und im nächsten Moment schlitterte ich mitsamt meiner Maschine unter lautem Scheppern, Splittern und Krachen über die Fahrbahn. Dann war Stille. Die Räder drehten sich lautlos, und aus dem Scheinwerfer stieg eine Qualmwolke auf. Brennendheiß lag der Motorblock auf meinem Bein.

Entsetzt eilten die Fuhrleute mir zur Hilfe. Sie konnten mir nur mit Mühe unter dem Motorrad hervorhelfen. Und ich? Nun, als erstes drehte ich – mehr oder weniger mechanisch – den Benzinhahn der neben mir liegenden Maschine ab, um das monotone Geräusch des ausfließenden Treibstoffes zu beenden.

Meine Reise hatte also hier ihr Ende gefunden . . . Wie ein Häufchen Elend saß ich am Straßenrand und wagte nicht, mein zertrümmertes Motorrad anzublikken. Die Bauern aber waren vor allem von den Wunden an meinem linken Bein beeindruckt, die auf den ersten Blick furchterregend aussahen. Irgendwann stellte ich die Maschine dann doch auf ihre Räder und sah, daß wenigstens der Rahmen nicht verzogen zu sein schien, das Motorrad immer noch wie ein Motorrad aussah. Das ermutigte mich, die schwer mitgenommene Maschine einer eingehenderen Prüfung zu unterziehen. Das Lampengehäuse war eingedrückt, die Kabel hingen sinnlos in der Luft herum. Der automatische Anlasser gab ein schwaches Röcheln von sich, der Kickstarter war blockiert und ließ sich überhaupt nicht bewegen: die Maschine schien tüchtig etwas abbekommen zu haben. Gemeinsam versuchten wir, auf der glühendheißen Straße die Maschine durch Anschieben zum Anspringen zu bringen – ein vergebliches Unterfangen. Die Bauern baten mich, das Motorrad doch für einen Moment in Ruhe zu lassen, lösten die Sandalen von meinen Füßen, krempelten die zerrissene Hose hoch und blickten mich dann ehrfürchtig an: auch noch Brandwunden, und was für welche!

Es war Sonntag, die Gegend um uns herum ziemlich ausgestorben, und daß ein Lkw kam, grenzte an ein Wunder. Der Lastwagenfahrer sprach etwas Englisch und übersetzte mir, die Bauern könnten die fahruntüchtige Maschine per Fuhrwerk ins nächste Dorf bringen, wo es einen privaten Lastkraftwagen gebe. Dort sei auch ein Arzt. Ich aber wollte in die andere Richtung und sträubte mich verbissen. Dort sei aber auf 50 km Entfernung keine einzige Ortschaft, wurde mir versichert. In diesem Moment stoppte ein Bus, und heraus sprangen der Fahrer und die Passagiere und rannten auf mich zu. Sie dachten wohl, der Unfall habe sich eben erst abgespielt. Jedenfalls schleppte der Busfahrer einen Medikamentenkasten an, und bestäubte meinen Fuß, den ich ganz vergessen hatte, über und über mit Puder.

Als ich dem hilfsbereiten Fahrer gerade demonstrieren wollte, daß der Motor kaputt sei, nicht anspringen könne, da sprang er an. Für einige Sekunden allerdings nur, dann herrschte wieder Stille. Und noch einmal betätigte ich den Anlasser. Einige Sekunden gespannteste Aufmerksamkeit, dann sprang der Motor abermals an, mit sehr vielen Nebengeräuschen allerdings und sehr unruhig. Der Auspuff qualmte entsetzlich, und irgendwo floß Öl heraus. Als ich meinen Fuß auf den Kickstarter stellte, blockierte auch dieser nicht mehr, sondern ließ sich runterdrücken: Ein Ruck, und der Motor sprang ein weiteres Mal an. Ein Wunder! Mein

Entschluß war gefaßt: Ich wollte, im Schritt fahrend, unbedingt in die Richtung, die ich mir nun einmal in den Kopf gesetzt hatte, also in Richtung Madras. Dort mußte es doch Reparaturwerkstätten geben!

Mit einem Bindfaden band ich den herunterhängenden Teil des Scheinwerfers am Lenker fest. Die Bauern, der Lkw-Fahrer und die Passagiere des Busses beschworen mich, ja recht langsam und vorsichtig zu fahren, und auf die vielen wilden Elefanten gut achtzugeben, die hier lebten. Mir wurde echtes Mitgefühl entgegengebracht. Nach einer Probefahrt von zwei kurzen Runden winkte ich den Leuten zum Abschied noch einmal zu und fuhr langsam von dannen.

„Hallo, Mister, hallo", rief jemand hinter mir her und winkte aufgeregt. Es war der Busfahrer, der den Erste-Hilfe-Kasten soeben weggebracht hatte. Er kam mir nachgelaufen. Wollte er mir etwa mitteilen, daß mein Motorrad hinten zu brennen angefangen habe? Ich hielt an.

„Sahib, fahren Sie ganz, ganz vorsichtig weiter, besonders in den Kurven. Geben Sie mir Ihr Ehrenwort!" bat er mich eindringlich. Gerührt versprach ich es und fuhr brav im ersten Gang die Straße weiter. Nach einer Weile überzeugte ich mich, daß ich außer Sichtweite war, und legte den zweiten Gang ein. Auch das klappte hervorragend. Durch diese Erfahrung ermutigt, versuchte ich, freihändig zu fahren. Es gelang. Das Motorrad hatte somit keinen Knacks, die wichtigsten Teile waren nicht verbogen. Das hieß: die Reise war gerettet! Ich atmete tief, tief durch. Ein Blick auf meine Uhr. Auch sie ging wieder – erstaunlich! Sie war zum Zeitpunkt des Unfalls stehengeblieben. Es kam mir alles wie ein Geschenk des Himmels vor.

Der Abend war gekommen, als ich an einer winzigen christlichen Kirche vorbeifuhr, die hell erleuchtet war. Ich sah den Pfarrer am Altar stehen, genau drei Gläubige waren durch die offene Tür zu sehen. Ich erinnerte mich, daß Sonntag war und daß ich wahrscheinlich einen Schutzengel gehabt hatte.

Im Banne des Wahrsagers

Langsam bewegte ich mich auf die Ostküste Indiens zu; langsam fuhr ich, als ich sie erreicht hatte, Richtung Norden weiter, Madras als Ziel. Trotz der ramponierten Maschine nahm ich mir Zeit für die uralten ehrwürdigen Tempelstädte, deren Ausmaße unvorstellbar sind. Der Reiseführer gibt ihre Grundflächen in Quadratmeilen an!

Der Wallfahrtsort Kanchipuram, einer der sieben heiligsten Plätze Indiens, besteht aus vier Tempel-Komplexen. Und wenn ich die Tempel eines einzigen

Die Tempelstadt Kanchipuram

Tempelbezirks hätte zählen wollen, wäre ich schnell ins
Schwitzen gekommen. In den riesigen Gängen und
Hallen einer solchen Tempelstadt ist es angenehm kühl,
ganz gleich, wie glühendheiß auch draußen die Sonne
brennen mag. Viele Inder lagen auf dem Steinfußboden
der Säulenhallen, Schutz vor der Hitze suchend, oder
schliefen in den Tempelgängen. Ab und zu weckten
Paukenwirbel die Schläfer. Eine Prozession schlängelte
sich durch den Tempelbezirk: vorneweg ein Tempelele-
fant, dahinter Musikanten und dicke Brahmanen, kahl-
köpfig oder mit geflochtenen Zöpfchen, einem Pferde-
schwanz oder Haaren so lang wie die eines Derwischs.
Wenn sodann die Priester den Gläubigen mit buntem

171

*In den Säulenhallen einer Tempelstadt suchen viele Inder
Schutz vor der glühenden Sonne*

Farbpulver religiöse Symbole auf Stirn und Brust malten und ich zufällig gerade in der Nähe stand, so bekam auch ich meinen Teil im Eifer des Gefechtes ab. Was den Tempelelefanten betraf, so legte dieser, wenn man ihm eine 10-Paisa-Münze in den Rüssel steckte (er gab sie seinem Wärter weiter), dem edlen Spender für ein paar Sekunden den Rüssel auf den Kopf. Als ich dem Elefanten meinen Obolus in den Rüssel steckte, flüsterte mir der Wärter ins Ohr: „Now he has blessed you." Der Elefant hatte mich also gesegnet, und ein Priester hängte mir einen Blütenkranz um den Hals.

Nicht nur die Tempelbauten, auch die heiligen Männer, die gegen ein geringes Entgelt Ratschläge für die Zukunft gaben, vor allem aber Prophezeiungen machten, wiesen ein ehrfurchtsgebietendes Alter auf. Mit ihren langen weißen Bärten, den Nickelbrillen, den klugen, abschätzenden Augen trugen sie entscheidend zu dem malerischen Leben in den Tempeln bei. Ein Amerikaner kam ganz aufgeregt auf mich zu und wies auf einen alten Mann. „Sehen Sie den mit dem weißen Turban, den an der dritten Tempelsäule? Sehen Sie ihn? Der in dem Buch schreibt?"

„Ja, klar, was ist mit dem?"

„Der hat mir soeben den Namen meiner ersten Liebe genannt. Ein Mädchen, an das ich, das schwöre ich Ihnen, seit Jahren nicht mehr gedacht habe." Atemlos fuhr er fort: „Und sogar den Vornamen meines Vaters

Ein ausnahmsweise junger Wahrsager

wußte er."

Ich blickte den Mann interessiert an, der, an seine Säule gelehnt, zu schlafen schien. Doch der Guru schlief nicht . . . Schon winkte er mich mit dem Zeigefinger zu sich heran. Zunächst weigerte ich mich, ihn mit Rupien für eine prophetische Schau in meine Zukunft anzuspornen. Da aber führte er mir einen kleinen Geschicklichkeitstest vor, der mich allerdings verblüffte. Er ließ mich fünf Blumennamen nennen, schrieb ein Wort auf einen Zettel, faltete den Zettel und gab ihn mir in die Hand. Bevor ich ihn auseinanderfalten durfte, mußte ich ihm vier der Blumennamen wiederholen. Übrig blieb nur der fünfte Name – und als ich den Zettel auseinanderfaltete, konnte ich ihn dort lesen. Der Trick als solcher war natürlich nicht neu. In gewissen Gegenden der Welt benutzt man Zahlen statt der Blumennamen; und psychologisch ganz richtig vermutet der Gaukler, daß sein Opfer meist eine bestimmte Zahl (einen Blumennamen) häufiger als andere nennen wird. Aber nachdem ich das ja wußte, hatte ich meinen Guru gerade damit in die Irre führen wollen, daß ich mich für einen besonders unauffälligen Blumennamen entschieden hatte. Und siehe da, ausgerechnet dieser stand auf dem Zettel. Der Mann hatte mich durchschaut. Es war zu befürchten, daß ein Weiser, der die Namen längst verflossener Lieben und die Vornamen aller Verwandten bis ins dritte Glied zu nennen wußte, auch höchst unerwünschte Vorhersagen über meine zukünftigen Reisegeschicke tätigen konnte. Ich wußte plötzlich ganz sicher: ich wollte meine Zukunft selber erforschen.

Kanchipuram war nur eine der Tempelstädte des Südens. An allen Ecken und Enden des weiten Landes Tamil Nadu lagen sie versteckt; und allein die Namen der Städte im Kopfe zu behalten, erforderte ein überdurchschnittliches Gedächtnis: Tiruchchirappalli, Mahabalipuram, Chidambaram, Kumbakonam, Tiruvannamalai . . . Tempel, Tempel, alle Arten von Tempel: große, kleine, winzigste . . ., heilige Teiche, auch darin Tempelchen . . . Pilger, Tempelelefanten . . ., Räucherstäbchen und ihr betäubendes Aroma . . . Im Gedächtnis ist mir die nächtliche Szene im Tempel von Tanjore geblieben, als zu später Stunde ein Priester mit einem vielarmigen riesigen bronzenen Leuchter vor die Schar der Gläubigen trat, den er ekstatisch hin und her schwang, während sich die Anwesenden auf den Boden warfen. Gongschläge ertönten, die flackernden Lichter des Leuchters warfen grelle Bahnen in die Dunkelheit. Laut beteten die Leute, riefen ihren Göttern immer wieder dieselben Formeln zu. Die gespenstisch-eindrucksvolle Atmosphäre zog mich in den Bann. War es nicht genau das, was ich mir in meiner Kindheit immer unter „Indien" vorgestellt hatte? Bei Kipling hatte ich es gelesen, hier durfte ich es erleben: geheimnisvoll, mystisch, verzaubert, rätselhaft.

Im Vorhof der Hölle

In Madras mietete ich mich im „Christlichen Verein junger Mädchen" (YWCA) ein, wo meine vom Unfall ramponierte Kleidung gewaschen und geflickt wurde. Das Motorrad allerdings konnten die Mechaniker der verschiedenen Werkstätten nur allernotdürftigst zusammenflicken. Ich beschloß deshalb, die Reise nach Kalkutta mit dem Zug fortzusetzen. Von Madras nach Kalkutta sind es 1700 Kilometer. Für die Benzinkosten allein hätte ich damals (dabei war Benzin bedeutend billiger als heutzutage) über 50 Mark gebraucht. Als ich im Hauptbahnhof einen Fahrschein für die zwei Tage und zwei Nächte dauernde Bahnfahrt lösen wollte, weigerte ich mich, mit der 1. oder 2. Klasse zu fahren, und verlangte forsch ein Ticket 3. Klasse. 15 DM (in Worten: fünfzehn) kostete mich der gewünschte Fahrschein für einen sogenannten „Sleeper", einen Liegewagen also, mit zwei Betten übereinander. Ab sofort hatte ich Tag und Nacht sowohl einen Sitzplatz als auch ein Bett zur Verfügung. Das Bett befand sich in luftiger Höhe, wo sonst die Gepäcknetze sind. Ich konnte auch tagsüber schlafen, wenn mir danach war. In jedem Waggon gab es nur fünfundzwanzig Betten. Wer keine

Zugfahren in Indien

Reservierung hatte, mußte sich auf den Fußboden legen. Der Schaffner aber wachte über unseren Schlaf und hinderte an jeder Station mindestens 23 000 Inder am Eindringen, die zwar ein gültiges Ticket, aber keine Platzkarte besaßen. Sie bekamen nicht einmal einen Stehplatz und mußten sich in die anderen Waggons quetschen (offenbar 4. Klasse) oder auf den Trittbrettern mitfahren.

Kalkutta kündigte sich schon mindestens eine Stunde vor der Ankunft im Hauptbahnhof an. Der Zug fuhr nur noch im Schrittempo. Um uns herum tropische Vegetation, Häuser, Mauern und Gebäudeteile, von Tropenregen verwaschen, mit grünlichem Moos an den

Wetterseiten, grauer Zement zwischen blühenden Büschen. Das Einerlei dieser Vorstadtlandschaft wollte nicht enden. Schließlich nahm ich an, daß wir Kalkutta schon durchquert hatten; doch immer noch war das Zentrum nicht zu sehen. Als der Zug endlich hielt, wagte ich kaum auszusteigen. Tausende von Menschen schoben und drängten sich durch die Bahnhofshalle. Diese Massen stellten alles in den Schatten, was mir bisher in Indien begegnet war, und dabei hatte ich mich schon daran gewöhnt, daß man in Indien nie allein ist. Bei der Reisegepäckaufbewahrung weigerte man sich, mir mein Motorrad auszuhändigen, das soeben ausgeladen wurde. Ich müsse erst gewisse Papiere herbeischaffen, da Westbengalen ein eigener Bundesstaat mit eigenen Gesetzen sei – ein langer Weg durch die Behörden. Verärgert suchte ich mir deshalb zunächst eine Unterkunft, was sich als ziemlich schwierig erwies. Die meisten Hotels in der Preisklasse, die ich nicht zu überschreiten gewillt war (meine absolute Grenze lag bei 3 DM), waren so schmutzig, daß mir der Atem stehenblieb. Schließlich landete ich bei der Heilsarmee. Meine Schlafgenossen entpuppten sich als Traveller aus den verschiedensten europäischen Ländern. Dreckig wie ich war, schmiß ich mein Gepäck in eine Ecke und legte mich in eine Badewanne, die bis obenhin mit frischem Wasser gefüllt war. Ah, das tat gut, das erste Bad seit Wochen! Ein Aufschrei aus vielen Kehlen durchtobte den Saal, und im nächsten Moment zerrte man mich mit vereinten Kräften aus der Wanne heraus: Ich hatte mich in den Trinkwasservorrat für die nächste Woche gelegt! Hals über Kopf ergriff ich die Flucht.

Ich suchte das deutsche Konsulat auf und erbat eine Bescheinigung, aus der hervorging, daß das Motorrad mir gehörte und legal eingeführt worden war. Der junge Mann, den ich angesprochen hatte, sagte: „Wissen Sie was, machen wir keine langen Umstände, ich komme am besten gleich mit zum Bahnhof!" Vor dem Konsulat wartete ein Dienstfahrzeug mit Chauffeur auf uns, und während sich das Auto zum Hauptbahnhof jenseits der Ganges-Brücke durcharbeitete und ich einen ersten Begriff von wirklichem Tohuwabohu vermittelt bekam, stellte sich mir mein Begleiter zu meiner Überraschung als der Konsul vor. Klar, daß es auf dem Hauptbahnhof keine drei Minuten dauerte, bis mir mein Motorrad ausgehändigt wurde. Als mein neuer Bekannter erfuhr, daß ich bei der Heilsarmee untergekrochen war, meinte er, das sei doch eigentlich ein recht unbequemer Aufenthaltsort. Er habe ein Gästezimmer in seiner Dienstvilla und wolle mir dieses gerne zur Verfügung stellen. Den Travellern in der Heilsarmee bot sich kurz darauf ein ungewohntes Bild, als sie sich aus den Fenstern beugten, um den Abschied desjenigen Kameraden zu verfolgen, der ihnen ihr Trinkwasser für die nächste Woche verdorben hatte: Ein uniformierter Chauffeur

Heilige Waschungen im Ganges

verstaute meine Habseligkeiten in der riesigen Limousine, von der der Stander der Bundesrepublik Deutschland wehte.

Das Gästezimmer im Haus des Konsuls ging zum Garten hinaus, und mein Gastgeber bat mich, die Fenster möglichst nicht zu öffnen.

„Ich weiß schon, wegen der Moskitos", sagte ich.

„Nicht unbedingt", erwiderte er. „Ein ausländischer Besucher, der hier vor einiger Zeit schlief, wurde von der Straße aus mit einem Gewehr beschossen. Das ist heutzutage leider alles möglich. Sie wissen schon, die Politik."

Also ging ich ab sofort nur vorsichtig und in gebückter Haltung an meinem Fenster vorbei.

Sieben oder acht oder mehr Millionen Einwohner hatte sie, die größte Stadt Indiens, keiner wußte es genau. Von der Außenwelt war sie abgestempelt worden zum „Vorhof der Hölle" (so eine deutsche Illustrierte). Der Konsul erzählte mir von einem Journalisten, der im besten Hotel der Stadt übernachtet hatte, am nächsten Morgen aber mit einem schrecklichen Erlebnis aufwartete: Vor den Eingangstreppen seines Hotels hätten morgens in Tücher eingewickelte Tote gelegen. Der Konsul beruhigte ihn und erklärte ihm, daß nachts Millionen von Menschen, in weiße Tücher gehüllt, auf den Straßen schliefen. Dennoch tauchte die Behauptung von den Leichen vor dem Hoteleingang

Wochen später in deutschen Zeitschriften wieder auf.

Kalkutta lebt ständig am Rande der Katastrophe. Mal sind es Überschwemmungen, mal Epidemien, mal politische Unruhen. Im Moment waren es Hunderttausende von Flüchtlingen, ausgemergelte Gestalten aus dem benachbarten Ostbengalen, die das Leben in dieser Stadt bis nahe an den kritischen Punkt trieben. Trotzdem sei es relativ sicher auf den Straßen, wie mir ein Inder versicherte. Politisch motivierte Gewalttaten richten sich fast ausschließlich gegen Politiker oder politisch tätige Landsleute. Zu deren Schutz waren die

Flüchtlingslager in Kalkutta

weiß uniformierten Polizisten, die Schlagstöcke und Maschinenpistolen mit sich führten, in Blickkontakt zueinander aufgestellt und durchzogen Kalkutta wie ein engmaschiges Netz. An den Verkehrskreiseln standen zumeist bis zu fünf solcher Polizisten – sowie heilige Kühe – und regelten den Verkehr oder gaben zumindest das Gefühl, daß es möglich war, hier noch irgend etwas zu regeln. Eisenplatten schützten die Windschutzscheiben der städtischen Busse vor plötzlichem Steinhagel, die Fahrer mußten durch Sehschlitze auf den Verkehr vor ihnen blicken. Die Straßen Kalkuttas bestanden fast nur aus Löchern, die Gebäude sahen wie nach einem Bombenangriff aus, die Hauseingänge waren durch Abfall fast verstellt – und dennoch wurstelte sich Kalkutta immer weiter durch die Zeiten.

Eine Reparaturwerkstatt in Kalkutta nahm es in den nächsten Tagen auf sich, das Motorrad zu reparieren. Als ich die Maschine wieder abholte, hatte sie sich wundersam verändert. Schaltete ich auf Fernlicht, brannte Abblendlicht, schaltete ich auf Abblendlicht, blieb der Scheinwerfer finster. Der Tachometer versagte seinen Dienst, aber die Hupe funktionierte ausgezeichnet, vor allem dann, wenn ich über ein Schlagloch fuhr oder wenn es in eine Rechtskurve ging. Dann hupte das Ding wie verrückt.

Also suchte ich eine neue Werkstatt auf, die beste angeblich, die es in Kalkutta gab. Der Besitzer, ein sympathischer Mann, verbrachte einen großen Teil seiner Zeit am Telefon, um sämtliche Motorradenthusiasten darüber in Kenntnis zu setzen, daß es in seinem Laden ein Wunderding zu bestaunen gebe. Und die Fans kamen in Scharen. Als ich die Maschine wieder in Empfang nahm, stand es schlimmer um sie als zuvor.

Da traf ich eines Tages den Judo-Champion und stärksten Mann Bengalens. Er saß auf einer Honda 750 und betrachtete interessiert meine BMW. Er erklärte, in ganz Indien gebe es nur eine einzige Honda, und das sei seine, und sicher auch nur eine einzige BMW, das sei die meinige. Was für ein Zufall, daß wir, die beiden Besitzer der schnellsten Motorräder Indiens, uns an dieser Tankstelle getroffen hätten! Als ich ihm mein Mißgeschick klagte, lachte der stärkste Mann Bengalens und sagte: „Kein Problem! Ich kenne den besten Mechaniker Bengalens, ach, was sage ich, den besten Mechaniker ganz Indiens! Folgen Sie mir!" Und er brauste davon über die Schlaglöcher Kalkuttas, ich hinter ihm her. Und meine Hupe hupte pausenlos. Ohne nach rechts oder links zu schauen, wie in Indien so üblich, bog aus einer Nebenstraße ein Lkw in die Hauptstraße ein, rammte meine Maschine und beulte den Gepäckträger ein. Ich aber fuhr weiter – ich durfte den Judo-Champion auf gar keinen Fall aus den Augen verlieren! Mit heulenden Motoren bogen wir schließlich in eine enge Gasse ein. Dort lernte ich Mr. Rajou kennen, Besitzer einer winzigen Reparaturwerkstätte, schweigsam und bescheiden und von selbstloser Hilfsbereitschaft. Im Verlauf der folgenden Woche zerlegte er die Maschine buchstäblich in ihre Einzelteile. Er hatte Erfahrung, da er eben eine 20 Jahre alte BMW mit Hilfe von selbstgefertigten Teilen wieder fahrbereit gemacht hatte. Indien importiert keine ausländischen Motorräder, deshalb gibt es nicht einmal die einfachsten Ersatzteile.

Nach einer Woche Arbeit fuhr mein Motorrad so gut wie nie zuvor, aber als es ans Bezahlen ging, weigerte sich der Mechaniker, auch nur eine Rupie entgegenzunehmen.

„Sie haben doch tagelang an meinem Motorrad gearbeitet", widersprach ich. „Warum wollen Sie kein Geld nehmen?"

Er lachte. „Es hat mir Spaß gemacht. Ich habe an Ihrer Maschine gelernt. Ich will dafür kein Geld." Nur ein Foto wünschte er sich von seiner Werkstatt, mit ihm, seinen beiden Lehrjungen und meinem Motorrad im Vordergrund.

Am nächsten Tag wartete eine neue Überraschung auf mich. Vor Monaten hatte ich in New Delhi einen Antrag für eine Reise nach Sikkim gestellt, das um diese Zeit noch relativ unabhängig von Indien war und von einem Maharadscha – oder, wie der offizielle Titel lautete, einem *Tschogial* – regiert wurde. Ich hatte darum gebeten, die Antwort auf mein Ersuchen, die zwei bis drei Monate dauern sollte, nach Kalkutta zu schicken. Und hier, im *Writers Building*, also dem Gebäude der Schreiber, wurden mir tatsächlich die Papiere überreicht. Die Akten türmten sich bis zur

Mr. Rajou, der beste Mechaniker ganz Indiens

Decke, aber mit unnachahmlicher Eleganz und Selbstverständlichkeit zog der Angestellte genau das Blatt heraus, das mich betraf.

Wie unterhält man sich mit einem Fürsten?

Bereits am nächsten Tag lenkte ich mein Motorrad in Richtung Himalaja. Ich zog die erregend prickelnde Bergluft in mich ein und folgte den Spuren einer kleinen Eisenbahnlinie, die sich über Tunnel und Viadukte und an Schluchten vorbei nach Darjeeling schlängelte. Beim Anblick dieser Schmalspurbahn bedauerte ich es lebhaft, nicht Lokomotivführer oder Schaffner zu sein, oder zumindest Stationsvorsteher auf einem dieser Gebirgsbahnhöfe.

Auf den wildverschlungenen Pfaden nördlich von Darjeeling kam mir plötzlich ein Jeep entgegen und stoppte. Die Insassen waren aber keine Grenzwächter, die mir Schwierigkeiten bereiten wollten – im Gegenteil, es waren einige Parsen aus Bombay.

„Was tun Sie denn hier in der Nähe der chinesischen Grenze? Das Territorium ist für Europäer doch meistens gesperrt", fragten sie mich. Und nach einem Blick auf das Motorrad riefen sie bewundernd: „Was haben

Sie denn da für ein tolles Motorrad!"

„Ich fahre damit um die Welt", erwiderte ich.

„Waren Sie auch schon in Bombay?" wollten die Parsen wissen.

„Ja, vor ein, zwei Monaten."

Die Unterhaltung ergab schon bald, daß wir in dem Bankdirektor in Bombay, der mir damals den Posten angeboten hatte, einen gemeinsamen Bekannten hatten. Und schon wurde ich von ihnen eingeladen zu einem Fest, an dem auch der Maharadscha von Sikkim samt Frau teilnehmen würde. Der Fürst trug den exotischen Titel und Namen: Denjon Chogyal Palden Thomdup Namgyal, und seine Gemahlin den wesentlich schlichteren Hope Cooke. Sie war nämlich Amerikanerin. Bei dem Fest handelte es sich um die Firmungsfeier für den Sohn eines Weinbrandherstellers, eines wichtigen Mannes im Fürstentum Sikkim, des einzigen Fabrikanten nämlich.

Später bin ich oft gefragt worden, wie denn meine Begegnung mit den Hoheiten verlaufen sei. Und bei dieser Frage muß ich jedesmal passen. Stumm wie ein Fisch stand ich dem Fürstenpaar gegenüber, das allerdings auch keine Anstalten machte, ein paar huldvolle Worte an mich zu richten. Schließlich bat ich stammelnd um ein Autogramm, das mir auch gewährt wurde.

Mit drei Flaschen *Snow Lion*, die ich zum Abschied

Das Herrscherpaar von Sikkim

geschenkt bekam, machte ich mich wieder auf den Weg. Leider erwiesen sie sich als total ungenießbar; der Alkoholgehalt hatte sich längst verflüchtigt – so wie die Macht des Fürsten, der kurz nach meiner Abreise ins Exil geschickt wurde.

Tibetanische Mönche in Sikkim

Als ich am übernächsten Tag von dem obersten Chef der indischen Verwaltung eine Visumverlängerung erbat und auch erhielt, durfte ich mich in seinem Büro in das Goldene Buch der Inder eintragen. Hier lernte ich auch Raghubir Singh kennen, der zu Fuß um die Welt wanderte (und dem ich Jahre später in Deutschland wieder begegnen sollte). Raghubir war ein richtiges Schlitzohr. Er wußte genau, wie man für Publicity sorgt. Sein wertvollstes Kapital war ein dickes Buch mit Unterschriften prominenter Leute. Außerdem besaß er eine kleine Flasche Gangeswasser, von dem er behauptete, daß es heilig sei und Wunder wirke. Spontan erzählte ich ihm, daß auch ich vom heiligen Wasser genossen hätte. Auf der Suche nach etwas Trinkbarem war mir einmal ein Krug mit „garantiert frisch geschöpftem Wasser" offeriert worden. Erst hinterher entdeckte ich mit Grausen, woraus dieses Wasser geschöpft wurde – direkt aus dem Ganges.

„Und hast du überlebt?" fragte Raghubir.

„Blöde Frage – sonst stünde ich nicht hier."

„Na, siehst du", entgegnete er ungerührt, „dann bist du auch ein heiliger Mann. Wir beide, du und ich, sind heilige Männer. Sonst wären wir an dem Zeug krepiert!" Wie gesagt, auch Raghubir war mit allen heiligen Wassern gewaschen.

Wir zwei heiligen Männer blieben nicht lange allein. Ein dritter Genosse schloß sich unserer Runde an, ein

Drei Weltreisende trafen sich in Sikkim

Typ aus Bombay, der mit dem Fahrrad rund um den Erdball unterwegs war. Das Zusammentreffen dieser drei bedeutenden Weltreisenden hielt der indische Verwaltungschef höchstpersönlich auf einem Erinnerungsfoto fest, das auf dieser Seite abgebildet ist.

Eine beschämende Lektion

Mein nächstes Ziel hieß Benares, und ein größerer Gegensatz als zwischen der gigantischen Kulisse Sikkims und der öden Ganges-Ebene war kaum vorstellbar. Die Route führte mich quer durch den übervölkerten Staat Bihar, einer Provinz, so heruntergekommen wie Uttar Pradesh, wo Benares wartete. Indisches Chaos schlug wieder über mir zusammen. Auf der Landstraße lagen, Steinbrocken, die keiner beiseite räumte. Auf den Straßen in Städten und Dörfern türmte sich der Abfall. Da es keine Müllabfuhr gab, warf man den Müll auf die Straße vor das Haus, wo er liegenblieb und verweste. Fauliger Gestank hing überall in der Luft. Menschen legten sich in der Mittagshitze ungeniert dorthin schlafen, wo sie gerade standen, ohne Rücksicht darauf, ob fauliges Wasser das Erdreich aufgeweicht hatte oder ein Abtritt in der Nähe war. Sie unterschieden sich darin in nichts von den Hunden, die sich im ärgsten Kot suhlten.

Als ich eine Fahrtpause machte, sah ich, wie eine Krähe eine tote Ratte aus dem Unrat fischte und versuchte, das Fleisch herauszuhacken. Eine heilige Kuh fraß eine weggeworfene Pappschachtel. Meine Bananenschale empfand sie als hochwillkommenen Leckerbissen. Büffel trabten in Formation durch die Straße, entleerten platschend ihre Därme und ließen sich durch das Geschrei der Rikschakulis, die ihre Fahrzeuge durch die Menge bugsierten, nicht beirren. Radios plärrten von jeder Straßenecke, aus Lautsprechern dröhnte fürchterlicher Singsang.

Jetzt bog eine Rikscha um die Ecke, die mit Filmplakaten beklebt war. Drinnen saß ein Mann, der in ein

Megaphon brüllte und für einen Film warb. Neben ihm hockte ein Junge, der für die Musikeinlagen sorgte, indem er Schlagermelodien in das Megaphon sang. Hinten an der Rikscha hielten sich zwei Gassenjungen fest, die umsonst mitfahren wollten. Großes Gekreische erhob sich, als der Werbefritze sie bemerkte und mit Steinen nach ihnen warf.

Die Häuser der Ortschaften längs der Strecke nach Benares waren aufdringlich bemalt, die besseren davon im Zuckerbäckerstil mit Statuen aus der indischen Mythologie. Dazwischen dann moderne Kunst: Hammer und Sichel oder Wahlparolen. In den unvorstellbar schmutzigen Hausfluren lagen zu jeder Tages- und Nachtzeit schlafende Gestalten, denen in der feuchten Hitze der Schweiß vom Gesicht strömte.

Die nächste Pause schob ich vor der Bude eines Zigarettenhändlers ein. Der Händler verkaufte seine Ware nur einzeln, Stück für Stück. Und da die Inder meist nicht einmal für eine einzelne Zigarette Geld hatten, bot er hauptsächlich die ganz billigen *Bidis* an, die aus einem gerollten Tabaksblatt bestanden – ein beliebter Zigarettenersatz. Zum Anzünden konnten sich die Kunden des Öllämpchens bedienen, das bei jedem Händler brannte, oder sie griffen zu dem Strick, der an einem Ende angezündet wurde und dann Stunden vor sich hinschwelte. Nebenan verkaufte ein Mann in Blättern eingewickeltes Betel, und die Spucke der

Käufer färbte die Umgebung rot. Wieder eine Ecke weiter stand der Wasserverkäufer. Er füllte seine Kübel mit Wasser aus dem Straßenhydranten und goß den Kunden, die sich vor ihn hinknieten, die Flüssigkeit mit einer Schöpfkelle in die hohle Hand. Ein Glas wäre ein unerhörter Luxus gewesen. Barfüßige Musikanten spielten mißtönend, aber hingebungsvoll, während eine Hochzeitsgesellschaft vorbeizog. Der Bräutigam war ein etwa 12jähriger Knabe. Ich folgte dem Zug bis zum Haus der etwa gleichaltrigen Braut.

Ich wollte dieses chaotische Durcheinander so rasch wie möglich verlassen, aber bereits an der nächsten Ecke wurde eine unbedeckte Leiche auf einer Bahre von einigen Kulis im Eilschritt vors Tor getragen. Dorthin hatte man vom Nachbardorf zur selben Zeit zwei andere Leichen gebracht. Auf einem richtigen Friedhof begraben zu werden, war für einfache Inder zu teuer. Man verbrannte die Leichen draußen vor dem Dorf.

Auf den Zufahrtsstraßen nach Benares wurde ich immer wieder durch große Sänften aufgehalten, die von zwei, meist vier, manchmal acht oder zwölf Trägern geschleppt wurden. Ich hatte furchterregende Geschichten von den Totenriten in Benares gehört und nahm an, daß hier Leichen zum heiligsten Ort der Hindus befördert wurden. Wie erleichtert war ich, als ich einmal einen Blick in eine offene Sänfte werfen konnte und entdeckte, daß in den Sänften quicklebendige Menschen saßen. Es galt eben als vornehmer, sich in einer Sänfte transportieren zu lassen, auch wenn man wochenlang unterwegs war und diese Käfige sich bei der Gluthitze in Backöfen verwandeln mußten. Wenn die Sänfte von zwölf Kulis getragen wurde, mußten diese ihre Schritte genau aufeinander abstimmen, damit sie nicht aus dem Gleichgewicht kamen. So eilten sie mehr oder weniger im Tanzschritt ihrem Ziel entgegen.

Die Alternativlösung zur Sänfte hieß Bus und Bahn. Die in den Straßengraben gestürzten Lastwagen fotografierte ich mittlerweile nicht mehr, da ihr Anblick mir zur Gewohnheit geworden war. Statt dessen entwik-

Die Sänfte – Transportmittel der Reichen

Menschenmassen, wohin man blickt

kelte ich eine wahre Leidenschaft dafür, die von Menschen überquellenden Busse, vor allem aber die Züge zu fotografieren, wo sich die Reisenden auf Dächern, Puffern und Trittbrettern drängten.

Benares – bzw. Varanasi – ist die Stadt der Leichenverbrennungen. Pilgerscharen, Tempel, Badeplätze am heiligen Fluß, das kennt man auch aus anderen Wallfahrtsstätten der Hindus. In Benares fallen einem jedoch die ungepflegten und unansehnlichen Stein- und Erdhaufen sofort auf. Pausenlos werden hier Leichen abgelegt, die entweder in weiße oder in rote Tücher gewickelt sind. Die Zeremonie bildet eine besondere Touristenattraktion. Auf mickrigen Kähnen standen Stühle und Sessel; die Touristen nahmen Platz, und ab ging die Alptraumfahrt. Die Bootsführer ruderten zu den Verbrennungs-Ghats, wo dann meist ein Oberaufseher erschien, um gegen ein dickes Extra-Bakschisch streng verbotene Fotos zu gestatten. Davon lebte er, und er wäre enttäuscht gewesen, hätte man sein Angebot abgeschlagen. Hinter den Scheiterhaufen erhoben sich steinerne Türme, aus deren Fenstern dicke, alte Männer starrten und den Qualm einatmeten, der direkt zu ihnen hinaufzog. Ansonsten unterschied Benares sich nicht sehr von anderen indischen Städten. Die Menschenmassen auf den Straßen, der Dreck und die Hitze waren nicht schlimmer als anderswo.

Bei meinem Abschied aus Benares erteilte dieses verdreckte und bitterarme Indien mir, dem Europäer, eine Lektion, die ich nie wieder vergessen werde. Ich hatte an jenem Morgen mein wertloses Transistorradio aus einem Großkaufhaus in Deutschland, das schon nach hundert Kilometern seinen Geist aufgegeben hatte, für etwa 100 Rupien verkauft. Dem Käufer hatte ich weisgemacht, daß nur die Batterien zu wechseln seien, um den Apparat zu neuer Klangstärke zu erwekken, und er steuerte soeben den nächsten Laden an, um sich neue Batterien zu verschaffen. Diesen Moment wollte ich nützen, um das Weite zu suchen. Ich rannte in mein Zimmer, schnappte die vier Gepäckstücke, schmiß sie auf den Gepäckträger, und ab ging die Post, dem rettenden Tor entgegen. Plötzlich ertönte in meinem Rücken vielfältiges Geschrei: „Halt!", Aha, dachte ich, nun wird es ernst. Das Tor, das ich in fliegender Hast öffnen wollte, war verschlossen, und schon hatten mich meine Verfolger eingeholt. Der alte Diener, der mein Zimmer gesäubert hatte, stürzte auf mich zu und überreichte mir – meinen Geldbeutel. Normalerweise trug ich ihn um meine Hüfte geschnallt. Diesmal aber hatte ich, vielleicht aus Furcht vor einem Raubüberfall, die Geldtasche mit den Ausweispapieren unter der Matratze meines Bettes versteckt, was ich noch nie getan hatte – und sie auch prompt dort vergessen! Kurz vorher hatte ich in der Zeitung gelesen, daß ein Taxifahrer in Bombay eine Brieftasche mit umgerechnet 2000 Mark bei der Polizei abgeliefert hatte. Ein Fahrgast hatte sie in seinem Auto liegengelassen. Der alte Mann, der mir meine Barschaft zurückgab, stellte den Rekord von Bombay in diesem Moment haushoch ein. Ich war damals nämlich besonders gut bei Kasse, weil ich in Ceylon mein Sparguthaben in Empfang genommen hatte, und verfügte über ungefähr DM 4000,–. Bei den indischen Durchschnittslöhnen von 50 bis 70 DM im Monat hätte der alte Mann von diesem Geld einige Jahre sorgenlos leben können. Ohne mir darüber klar zu sein, was ich da eigentlich tat, drückte ich dem Mann 10 Rupien Trinkgeld in die Hand, bedankte mich nur recht kurz und fuhr los. Später habe ich mir in meiner Phantasie noch oft ausgemalt, daß ich wieder durch Benares käme und den Mann ausfindig machen würde, um ihm den Anteil des Geldes zu überreichen, der ihm zustand, und meine Schuld(en) abzutragen.

Ein Motorrad als Handgepäck

Dann schlug ein weiteres Mal das Chaos von Kalkutta über mir zusammen, saugte mich auf, verschlang mich förmlich. Wie hatte sich diese Stadt doch in den wenigen

Elendsunterkünfte in Kalkutta

Wochen verändert! Die Unruhen in Ostbengalen hatten sich zum Krieg entwickelt. Aus den paar tausend Flüchtlingen vor sechs Wochen war eine Million geworden . . . Menschen, die nur ihr nacktes Leben gerettet hatten, überschwemmten die Straßen der ausgebluteten Elendsmetropole Kalkutta. Sie gesellten sich zu den Obdachlosen der Stadt, säumten die Ränder der Straßen, kampierten auf Feldern, unter freiem Himmel, schutzlos den Regengüssen der einsetzenden Monsunzeit ausgesetzt. Kalkutta war schon ohne Flüchtlinge eine Katastrophe, jetzt aber war die Stadt die reinste Hölle.

Ich durchwanderte die riesigen Flüchtlingscamps, die die Massen an Neuankömmlingen nicht mehr fassen konnten. Glücklich diejenigen, denen Zelte zugeteilt wurden. Kampfhandlungen zwischen westpakistanischen Truppen und der ostbengalischen Bevölkerung verstärkten sich gerade jetzt. Soeben war ein Trupp Flüchtlinge aus einem der niedergebrannten Dörfer jenseits der Grenze eingetroffen: viele Frauen, Kinder, einige Männer, auch der Dorfvorsteher. Als Unterkunft und Schutz vor dem Monsunregen dienten ihnen Kanalisationsröhren von einem Meter Durchmesser, die neben der Landstraße gelagert waren. Ich interessierte mich für das Schicksal der Neuankömmlinge, brachte die Flüchtlinge zum Reden. Ein junger Mann machte den Dolmetscher. Von Schluchzen unterbrochen, sprachen sie in mein Tonbandgerät, erzählten von den Greueltaten der letzten Tage, deren Augenzeugen sie geworden waren. Sie nannten Namen, erzählten, wer aus ihrer Verwandtschaft und Bekanntschaft geschändet, erschlagen oder erschossen worden war. Ich sandte das Tonband nach Deutschland. Eine Rundfunkanstalt strahlte das Interview aus, Zeitschriften druckten es ab. Ich hatte mit meinem kleinen Kassettenrecorder, ohne es zu wissen, die ersten authentischen Dokumente vom Krieg und den Geburtswehen des neuen Staates Bangladesch, der sich soeben von Pakistan gelöst hatte, nach Deutschland geschickt.

Ich wohnte wieder im Haus des Konsuls, der zwar mit seiner Familie verreist war, aber eine Mitteilung hinterlassen hatte, daß ich das Gästezimmer benutzen und mich auch aus dem Kühlschrank versorgen könne. Ich schob das Motorrad in den Innenhof, wo die Dienerschaft mich fast wie einen alten Bekannten begrüßte. Diener gab es viele, ich glaube neun. Der Konsul zahlte besser, viel besser als indische Arbeitgeber, und dennoch war die Gesamtlohnsumme niedriger als das Gehalt für eine einzige Hausangestellte in Deutschland. Der *sweeper* beispielsweise, eine Art Hausboy, verdiente mit 30 Mark zweimal mehr als bei einer vergleichbaren indischen Arbeitsstelle. Der *bearer* erhielt doppelt so viel wie der *sweeper*, ebenso die *anja*, die Gouvernante der Kinder. Dann gab es den *dobi*, den

Drei von den Dienern des deutschen Konsuls

Wäscher. Doch am höchsten in der Hierarchie der Dienerschaft stand der Chauffeur, der die anderen seine Wichtigkeit auch fühlen ließ.

In Kalkutta war Indien für mich zu Ende. Wie sollte es nun von hier aus weitergehen? Das nächste Reiseziel Richtung Osten wäre Birma gewesen, aber genau dieses Land sperrte sich seit Jahrzehnten gegen Touristen und Traveller; die Grenzen waren hermetisch verriegelt. Nach vielen Schwierigkeiten hatte ich ein Visum bekommen, das mir eine Woche Aufenthalt im Lande gewährte, mit der ausdrücklichen Auflage, per Schiff

Straßenszenen in Kalkutta, meiner letzten Station in Indien

oder Flugzeug in Birma einzureisen. Das Motorrad durfte ich auf den Straßen Birmas nicht benutzen, auch meine Zollpapiere galten dort nicht. Wenn ich nun Birma ausließ und mit dem Schiff nach Singapur fuhr? Allerdings nahm fast keines der Frachtschiffe Passagiere mit. Verlud ich aber das Motorrad auf ein Schiff und flog mit dem Flugzeug hinterher, so war nicht sicher, ob das Motorrad je heil ankam. Reedereiangestellte erzählten diesbezüglich die tollsten Geschichten . . . Und die Preise! Das ging bei fünfhundert Mark los und hatte nach oben keine Grenzen, je nachdem, bei welcher Schiffahrtsagentur ich anklopfte. Zu den Kosten für die Fracht kamen noch die für meine Flugpassage . . ., und so viel Geld hatte ich einfach nicht.

„An Ihrer Stelle würde ich das Motorrad nicht ohne Begleitung per Schiff weiterschicken. Abgesehen von Zoll- und Devisenschwierigkeiten ist es gar nicht sicher, ob es je mit allen seinen Teilen in Malaysia ankäme", bestätigte mir ein Österreicher, der bei einer Reederei arbeitete. Er zeigte mir die Schadenersatzforderung einer deutschen Firma, deren Frachtgut sich im Hafen von Kalkutta auf mysteriöse Weise in Luft aufgelöst hatte.

„Nehmen Sie die Maschine lieber im Flugzeug mit!"

„Geht denn das?" fragte ich mißtrauisch.

„Warum nicht? In Kalkutta geht alles!" meinte der Österreicher.

Die Fluggesellschaften, an die ich mich daraufhin wandte, nannten mir Preise, so astronomisch hoch, daß ich Ohrensausen bekam. Am nächsten Tag saß ich wieder im Büro des Wieners und beklagte das Schicksal, kein Millionär zu sein.

„Sie haben das wahrscheinlich falsch angefangen", sagte mein neuer Freund. „Sie waren sicher bei den großen Fluggesellschaften, deren Preise international festgesetzt und deshalb gebunden sind. Es gibt aber auch andere Fluglinien." Er blätterte im Telefonbuch und nannte mir den Namen einer Fluggesellschaft, die angeblich in schwierigen Fällen schon mit sich reden ließe, vor allem, wenn ein Bakschisch dabei herausspränge. Da schon Feierabend war, ging er mit mir zu der angegebenen Adresse. Eben war ein Monsunregen niedergegangen, die Luft war drückend heiß, das Pflaster dampfte, als wir uns einen Weg durch die Menschenmassen bahnten. Im Büro der Fluggesellschaft saßen noch einige Inder gelangweilt an ihren Schreibtischen. Als wir eintraten, hellten sich ihre Gesichter in Erwartung einer Abwechslung auf. Der Boß kam uns freudestrahlend entgegen, als erkenne er alte Freunde.

„Was kann ich für Sie tun?" fragte er. Der Wiener nahm die Verhandlung in die Hand.

„Ich und mein Freund hier, wir wollen nächste Woche nach Bangkok fliegen. Zum Studententarif, versteht sich."

„Versteht sich", wiederholte der Inder, ohne nach einem Studentenausweis zu fragen. Auf solche Wünsche einzugehen, gehörte zum gewohnten Kundendienst.

„Dann wäre noch ein anderes Problem zu klären", sagte der Wiener. „Wir haben eine Menge Handgepäck. 240 Kilo. Was würde das in etwa kosten?"

„240 Kilo Handgepäck?" wunderte sich der Inder. „Woraus besteht es denn?"

„Nun, Kleidungsstücke, persönliche Utensilien, ein paar Bücher, Toilettenzeug, das sind etwa 40 Kilo. Und 200 Kilo Motorrad."

„Motorrad? Das ist doch kein Handgepäck! Das zählt als Frachtgut. Und so etwas kostet viel Geld."

Diesmal wunderte sich mein neuer Freund. „Unser Motorrad nennen Sie Frachtgut? Mit dem machen wir eine Weltreise! Das ist unser ein und alles, unser Handgepäck! Doch selbstverständlich sind wir bereit, uns für die besonderen Schwierigkeiten, die das Verladen unserer Maschine bereitet, finanziell erkenntlich zu zeigen."

Dieser letzte Satz machte Eindruck auf den Inder. Nach kurzer Überlegung meinte er, unter diesen Umständen könne man den besonders günstigen Tarif für sogenanntes „unbegleitetes persönliches Gepäck" in Betracht ziehen. „Aber für den Kran müssen Sie extra bezahlen", meinte er abschließend.

„Für welchen Kran?"

„Mit dem wir Ihre Maschine in das Flugzeug hieven werden."

Der nächste Tag brachte eine böse Überraschung. Das Motorrad war angeblich zu groß für die Türen der Maschine. Ich erhöhte mein Angebot für den „Kran" um weitere 50 Rupien, und mein indischer Gesprächspartner sagte, er wolle es noch einmal versuchen, eventuell müßte ich meine Maschine etwas zerlegen.

„Die Maschine soll zerlegt werden?" rief Rajou, der Mechaniker, aufgebracht, als ich ihn um Rat fragte.

„Kommt ja gar nicht in Frage! Lieber zerlege ich das Flugzeug, ehe ich zulasse, daß auch nur an einer Schraube gedreht wird. Ich komme mit auf den Flugplatz."

Am folgenden Tag, dem Abreisetermin, begleiteten uns 15 Motorradfanatiker zum Flugplatz. Auch der Judo-Champion mit seiner Honda war mit von der Partie. Am Flugplatz war zwar von Kran keine Spur, dafür wuchteten zehn Kulis mit Muskelkraft, Stricken und viel Lärm das riesengroße Motorrad in die Höhe, genau dorthin, wo sich der Personeneinstieg befand. In wahrer Millimeterarbeit gelang es ihnen, ein viel zu großes Motorrad durch eine beinahe zu enge Tür in den Passagierraum der Linienmaschine zu hieven. Nach gestenreichem Abschied von allen meinen indischen Freunden startete ich, diesmal per Flugzeug.

Ein Blick aus dem Fenster: Unten verschwanden der Flughafen Dum Dum und einige Hütten, schräg vor der Boeing drohte eine dunkle Gewitterwand. Der übliche Monsun-Wolkenbruch würde pünktlich um 16 Uhr über Kalkutta niederprasseln. Man konnte die Stadt nicht sehen, Wolkenfetzen entzogen sie dem Blick. Kalkutta – der Abschied war fast überstürzt gekommen. Und Indien... Auch Indien verließ ich ja in diesem Moment. Wie mißtrauisch hatte ich mich in all den Monaten dem Lande gegenüber verhalten. Die Seuchen, die Armut, das Elend – mein Ziel war gewesen, mich nicht unterkriegen zu lassen, dieses chaotische Land heil zu überstehen. Tausende von Menschen, die ständig ihre Augen auf mich gerichtet hielten, egal was ich tat und wo ich stand – hatten sie mir andererseits je das Gefühl gegeben, einsam zu sein? War ich je einen Moment auf mich gestellt oder ratlos gewesen, ohne daß mich nicht sofort jemand angesprochen hätte: Can I help you? Ich hatte Indien ins Herz geschlossen. Das merkte ich reichlich spät. Zu spät. Nämlich erst jetzt, als ich es verließ.

Reisetips

(Stand: Juli 1990)

Visa-Formalitäten

Die „klassische" Route nach Asien für den motorisierten Individual-Touristen, die über die Türkei oder den Irak in den *Iran* führte und von dort entweder direkt über Pakistan oder mit Einschluß von Afghanistan Indien erreichte, scheint auch für einige weitere Jahre unpassierbar zu sein. Selbst nach Beendigung des Golfkrieges benötigt ein Auto- oder Motorradfahrer, der den Iran durchqueren will, eine Spezialgenehmigung. Ein Antrag muß an das Außenministerium in Teheran geschickt werden, die Bearbeitungsdauer beträgt ca. 8 Wochen, und der Erfolg steht in den Sternen. Ein positiver Entscheid hängt sicherlich sehr stark von den persönlichen Umständen und der Dringlichkeit ab.

Reisen durch *Afghanistan* auf dem Landwege sind zur Zeit unmöglich. Auf dem Luftweg ist nur Kabul erreichbar, ein Aufenthalt beschränkt sich auf die Stadt (falls überhaupt ein Visum erteilt wird); die dortige Sicherheitslage ist im Moment noch katastrophal.

Die Sikhs, einst eher unbekannt und in diesem Buch ausführlich beschrieben, haben es den Extremisten in ihren Reihen zu verdanken, daß die Grenze zwischen *Pakistan* und *Indien* geschlossen worden ist. Der einzige Grenzübergang (Wagah, auf halbem Wege zwischen Lahore und Amritsar) ist zu. Die Reise von Pakistan nach Indien ist gegenwärtig nur per Flugzeug möglich. Visumpflicht herrscht, entgegen früheren Zeiten, sowohl für Indien wie für Pakistan, falls man Deutscher, Österreicher, Schweizer ist. Für einen Grenzübertritt auf dem Landwege benötigte man früher zusätzlich ein „Special Permit" und erhielt es bei der indischen High Commission (Botschaft) in Islamabad oder beim Home Ministry (Innenministerium) in New Delhi. Wie gesagt, früher ...

Informationen über die aktuelle Lage erteilt mittlerweile das indische Verkehrsbüro in Frankfurt (Tel. 0 69/23 54 23). Nützlich vielleicht auch die Telefonnummer der indischen Botschaft in Pakistan: Islamabad 81 43 71.

Für den Besuch einiger Regionen Indiens (Assam und Meghalaya, Darjeeling, Andamanen und Nikobaren) benötigt man spezielle Genehmigungen (nur erhältlich in den Foreigner's Registration Offices in Bombay, Kalkutta, Delhi oder Madras). Sikkim: Antrag ist mindestens 6 Wochen im voraus auf einer indischen Botschaft im Ausland oder beim Ministry of Home Affairs in New Delhi zu stellen.

Die indische Provinz Pandschab, hauptsächlich von Sikhs bewohnt, wurde auf Anordnung der indischen Zentralregierung für Ausländer zum Sperrgebiet erklärt.

Visa für *Indien* stellen neben den Botschaften in den Hauptstädten auch die indischen Konsulate in Berlin, Frankfurt, Hamburg und Stuttgart aus. Bearbeitungsdauer des Antrags: 2 Wochen. Das Visum berechtigt zu 90 Tagen Aufenthaltsdauer ab Ausstellungsdatum. Kosten: 20 DM (einmalige Einreise) bzw. 40 DM (mehrmalige Einreise, falls man Abstecher nach Nepal, Sri Lanka, Bangla Desch plant). Bescheinigung eines Reisebüros über bezahlten Hin- und Rückflug ist beizulegen (falls nicht vorhanden, sollte man Visum erst unterwegs in einem Nachbarland Indiens beantragen). Auf indischen Flughäfen kann ein 72stündiges Transitvisum ausgestellt werden.

Pakistan:
Neben den Botschaften in den Hauptstädten gibt es Konsulate in Berlin, Bremen, Düsseldorf, Frankfurt, Hamburg und München. Die Antragsdauer für ein Visum beträgt ca. 10 Tage. Das Visum gilt in der Regel für 90 Tage Aufenthaltsdauer. Nachweis über bezahlten Rück- oder Weiterflug erforderlich.

Nepal:
Visum bei Ankunft erhältlich. Das gleiche gilt für *Bangla Desch*, falls die Aufenthaltsdauer 15 Tage nicht übersteigt (vor jeder Reise jedoch Rückfrage bei Botschaft angeraten, ob die Bestimmung noch gilt).

Sri Lanka:
Kein Visum erforderlich, falls Aufenthalt nicht einen Monat übersteigt. Achtung: Wegen der Unruhen in den von Tamilen besiedelten Gebieten (hauptsächlich im Norden) Erkundigungen über etwaige Sperrgebiete einziehen.

Birma:
Alle Landübergänge nach Birma sind seit urdenklichen Zeiten geschlossen. Als einzige Möglichkeit bleibt, das Flugzeug zu benutzen. Der Aufenthalt in Birma war bisher auf sieben Tage beschränkt (nicht verlängerbar). Es bleibt abzuwarten, ob die ersten demokratischen Wahlen seit Jahrzehnten, die der Militärdiktatur eine Abfuhr erteilten, zu der lange ersehnten Lockerung der Einreisebestimmungen führen werden. Birmanische Konsulate auf dem Weg nach Osten gibt es in Delhi und Kathmandu, dagegen nicht in Kalkutta.

Zollpapiere

Dieses Buch ist die Schilderung einer Motorradreise. Und da beginnt der Haken. Für jedes Fahrzeug nämlich, das in außereuropäischen Länder mitgenommen wird, sind Zollpapiere zwingend vorgeschrieben. Ohne „Carnet" keine Einreise. Das „Carnet de Passages" soll sicherstellen, daß der Tourist sein Fahrzeug im Gastland nicht unter Umgehung der Zollbestimmungen verkauft oder verschenkt. Die nationalen Automobilclubs stellen solche „Carnets" auch an Nichtmitglieder aus und übernehmen gleichzeitig gegenüber den Gastländern die Haftung. Sie sichern sich ihrerseits aber gegen Mißbrauch durch eine Kaution ab, die der Tourist für die Dauer seiner Reise beim Club hinterlegen muß.

Die Zeiten, wo man gegen eine Ablösegebühr von einigen hundert Mark nicht einmal die Kaution zu deponieren hatte, sind vorbei. Der Schaden, der allein den größten deutschen Club, dem ADAC, durch Mißbrauch solcher billig erstandenen „Carnets" zugefügt wurde, soll in die Millionen gegangen sein. Zu viele Touristen hatten ihr Fahrzeug schwarz in Asien verkauft. Deshalb erhöhte man hierzulande die Kaution empfindlich. Betrug sie im Jahre 1981 noch 2500 DM, so stieg sie in der Zwischenzeit auf 4000 DM (Personen ohne festen Wohnsitz in der BRD: 10 000 DM). Was die Angelegenheit extrem teuer macht: Für Indien, Pakistan und den Iran benötigt man ein Sonderzolldokument, das bei einem Fahrzeugwert bis 10 000 DM nur gegen Hinterlegung einer Kaution von stolzen 20 000 DM ausgestellt wird. Ist das Fahrzeug mehr als 10 000 DM wert, steigt die Kaution entsprechend. Will es das Unglück, daß das Vehikel in einem dieser Länder gestohlen wird, so ist der Besitzer nicht nur sein Auto oder Motorrad, sondern unter Umständen auch dieses Geld los. Denn auf den Bestohlenen kommen die Zollforderungen des betreffenden Landes zu, die zwar von der Kaution unabhängig sind, aber auf jeden Fall gesalzen sein werden.

Hat nun der geplagte Motorrad- oder Autobesitzer 20000 DM beim ADAC hinterlegt (eine Bankbürgschaft genügt), geht der Ärger meistens weiter. Der Iran z. B. läßt gegenwärtig Touristen, vor allem mit eigenem Fahrzeug, nicht einreisen, nicht einmal für den reinen Transit. Daran haben auch die Nachfolger des Ayatollah nichts geändert. Eine Überlandreise durch den Iran ist momentan ohnehin kein Vergnügen, eher ein Risiko.

Welchen Ausweg gibt es in einer solchen Situation, wo doch, geographisch bedingt, kein Weg um den Iran herumführt? Die Verschiffung, die allerdings sehr teuer ist, vor allem von deutschen Häfen aus. Traveller berichten, daß griechische Reedereien hier eine Marktlücke entdeckt haben. Voraussetzung ist, daß man an Ort und Stelle in griechischen Häfen also, nach Schiffen Ausschau hält und konkurrierende Reedereien möglichst gegeneinander ausspielt. Der Preis scheint noch frei aushandelbar zu sein.

Folgender Gedanke ist deshalb überlegenswert: Will man nur bestimmte Abschnitte der Tour mit dem eigenen Fahrzeug zurücklegen, könnte es durchaus sinnvoll sein, das Motorrad oder Auto erst unterwegs zu kaufen oder zu mieten. Vor allem in Indien gefertigte Motorräder (sehr empfehlenswert die Marke „Enfield-Bullet", ca. 2200 DM) sind im Lande preiswert zu erhalten und können nach Ende der Reise weiterverkauft werden.

Gibt das eigene Fahrzeug unterwegs – im fremden Land – seinen Geist auf, ist folgendes unbedingt zu beachten: Um die Kaution nicht zu verlieren, ist der fremde Automobil-

club vom Fahrzeughalter sofort zu benachrichtigen oder –
ist keine Geschäftsstelle in der Nähe – der nächste Polizei-
posten zu informieren. Mit der Bescheinigung der Polizei
oder des Automobilclubs über die Fahruntüchtigkeit (oder
den Diebstahl) des Fahrzeuges ist die Zollbehörde aufzusuchen, die das Motorrad oder Auto aus dem „Carnet" auszu-
stempeln hat. Ob dabei Verschrottung, ob Verkauf oder
Gratis-Übereignung an den Staat (speziell in Indien oft die
letzte Möglichkeit) in Frage kommt oder ob das nicht mehr
fahrtüchtige Motorrad bzw. Auto in die Heimat zurück-
transportiert wird – stets benötigt der Besitzer eine offizielle Bescheinigung über den Vorgang, mit vielen Stempeln. In
den Verschrottungs- wie Verzollungsbestätigungen müssen
Fahrgestell- und Motor-Nr. angegeben, und eine eidesstatt-
liche Übersetzung aus der Landessprache muß beigefügt
sein. Ohne Verzollungspapiere keine Rückzahlung der
Kaution in Europa.

Fahrzeugversicherung

Trägt das Fahrzeug ein reguläres deutsches Kfz-Kennzei-
chen, ist eine Haftpflichtversicherung zwar obligatorisch,
der Versicherungsschutz erstreckt sich aber nicht auf Länder außerhalb Europas (wobei die gesamte Türkei Europa
zugerechnet wird). Entscheidet man sich für ein Zollkenn-
zeichen (weil das Fahrzeug im Ausland bleiben soll), so ist
der Kfz-Besitzer zwar von Kfz-Steuer und -Versicherung
befreit, hat aber höhere Gebühren für das „Carnet" zu zahlen, und auch die eventuell nötige Verlängerung des „Carnets" über die Gültigkeitsdauer von einem Jahr hinaus wird
sich umständlich gestalten. Wie sein Besitzer auch entscheidet, jenseits der türkischen Grenze ist das Fahrzeug auf jeden Fall nicht mehr versichert. In vielen Ländern, beispiels-

weise Indien, Nepal (auch Afghanistan, was in der gegenwärtigen Situation aber eher hypothetisch ist), vor allem jedoch in Australien besteht lokaler Versicherungszwang. Ausländische, beispielsweise in Deutschland abgeschlossene Versicherungen werden nicht anerkannt, dienen höchstens als Zusatzdeckung. In vorder- und mittelasiatischen Ländern kann der Reisende oft mit einem Bakschisch an solchen lokalen Versicherungen vorbeikommen.

Fazit: In etwa 80 % der asiatischen Länder ist laut Gesetz Haftpflichtversicherung obligatorisch, doch wird in vielen Fällen die Entscheidung dem Touristen überlassen, ob er tatsächlich eine Versicherung abschließen will.

Nach Indien mit dem Flugzeug

Nicht jedermanns Sache ist die Fahrt auf einem Motorrad, und nicht jeder hat dazu die Zeit. 99 % der Urlauber benutzen für Fernreisen das Flugzeug. Die Flugpreise zu Fernzielen Asiens und anderer Erdteile sind seit Jahren stets gefallen. Fliegen ist billig geworden. Nur in Europa sind Flugreisen extrem teuer. So kostet München–Nizza in der Touristenklasse über 1000 DM. Zum Vergleich dazu Asien: Frankfurt–Bangkok wird schon für 1260 DM (Hin- und Rückflug) angeboten. Die wesentlich kürzere Strecke Frankfurt–Delhi bzw. Frankfurt–Bombay kostet allerdings 1270 DM (Preisbeispiele vom Sommer 1990). Denkbar wäre also, daß man einen Flug nach Bangkok bucht, den man auf einige Wochen in Indien unterbricht. Preislich noch vorteilhafter kommt der Traveller weg, der (möglichst mit Unterbrechung in Pakistan oder Indien) für ca. 735 DM einen Einfachflug nach Bangkok bucht und sich dort zum Bangkok-Billigst-Tarif mit einem Flugschein zurück nach Europa eincheckt. Es soll sogar einigen hartnäckigen Typen immer wieder gelingen, sich aus Bangkok zum dortigen Tarif ein Hin- und Rückflugticket schicken zu lassen, wo der Hinflug (Tickets sind geschickterweise mit dem Stempel eines europäischen Reisebüros versehen) von Europa aus angetreten werden darf.

Reiseführer

Kunstführer, Reiseführer, Bücher über Geschichte und Kultur, Bildbände sowie Landkarten zu den betreffenden Gebieten gibt es so zahlreich, daß bei uns in Städten Buchhandlungen entstanden sind, die sich nur auf Reiseliteratur spezialisiert haben.

Der mittlerweile gründlichste und beste Reiseführer kommt aus Australien. Auf 800 Seiten wird von drei Experten, die es wissen müssen – nämlich von Traveller ohne viel Geld –, alles das zusammengestellt, was für Gleichgestellte recht nützliche Information sein kann. Das geht mit der Nennung von Billigst-Herbergen los und mit Bahntarifen weiter bis hin zu Bus-Abfahrtszeiten und endet mit unzähligen Tips und Hinweisen jeglicher Art. Beschreibungen der Sehenswürdigkeiten, Pläne, Skizzen runden den Führer ab. Das Buch kostet 45 DM und heißt: „India – A Travel Survival Kit". Verfasser: G. Crowthes, P. A. Raj, Tony Wheeler, Verlag Lonely Planet, Australien. 3. Auflage 1987. Den Führer gibt es in erstaunlich vielen Buchhandlungen Europas und selbst in Indien. Und weil er seine Qualitäten hat, gibt es ihn selbstverständlich auch in deutscher Übersetzung: Indien-Handbuch, Verlag Gisela E. Walther, Bremen. 2. Auflage 1988, 824 Seiten, 44,80 DM.

Landkarten

Als Planungs- und Übersichtskarten eignen sich vor allem

die Freytag und Berndt-Karte (1:2 Millionen), für den Nahen Osten sowie für den indischen Raum Bartholomew's „India, Pakistan, Nepal, Bangladesh & Sri Lanka" (1:4 Millionen). Seit einiger Zeit sind nun noch bessere und genauere (1:1,5 Millionen) Kartenwerke auf dem Markt: Der Nelles Verlag deckt mit vier Karten Indien und mit einer Karte Pakistan ab und bietet für Sri Lanka eine Spezialkarte im Maßstab 1:500 000 an.

Kleidung

Bluejeans und T-Shirt, Sandalen und für kalte Nächte einen Pullover, vielleicht noch einen Schirm gegen Regengüsse, mehr braucht man in Indien und Sri Lanka eigentlich nicht. Textilien kann man nachkaufen, zu Preisen, die weit niedriger als in Europa sind. Und innerhalb von Stunden, meist für ein paar Pfennig, bekommt man seine Klamotten frisch gewaschen vom *dobi*, dem indischen Wäscher, zurück. Alles also kein Problem.

Gesundheit

Seit Ausrottung der Pocken sind keine Impfungen mehr Vorschrift. Dennoch sollte man sich gegen Cholera, eventuell Gelbsucht impfen lassen bzw. die entsprechenden Tabletten gegen Typhus, Paratyphus einnehmen. Malaria war in Indien einst (fast) ausgerottet, ist heute aber wieder eine Landplage. Malariaprophylaxe ist ein „Muß". Gleichfalls Vorsorge treffen gegen Ruhr, Durchfall, Magenverstimmung etc.! Kein Gemüse, keinen Salat essen. Wasser nicht unabgekocht trinken. Das landesübliche Getränk ist heißer Tee, gut gegen den Durst. In Flaschen abgefüllte Erfrischungsgetränke der internationalen Marken sind billig zu haben und bilden keine Gesundheitsrisiken, solange man nicht Eiswürfel (aus unsterilisiertem Wasser) ins Glas tut.

Essen

Iran, Afghanistan, Pakistan, Indien oder Sri Lanka sind beileibe keine Länder, die man wegen ihrer kulinarischen Genüsse aufsucht. Die Küche dort ist kaum erwähnenswert, die „Restaurants" können von einer Art sein, die einem noch nachträglich einen Schauder den Rücken hinunterjagt. In Nordindien speziell ist das Essen, sind die Curry-Gerichte derartig atemberaubend gewürzt, daß Europäer ihre Mühe damit haben. Die hygienischen Zustände darüber hinaus sind alles andere als appetitanregend. Sich durchzuarbeiten durch die Vielzahl der regionalen Küchen dieser Länder bleibt niemandem erspart. Dafür sind die Gerichte billig (Preise etwa ab 50 Pfg. für eine Mahlzeit bis hinauf zu 2 DM). Bessere Lokale gibt es nur in den großen Städten, nie auf dem Lande.

Zu beachten ist allerdings: Nur frisch gekochte oder gebratene Speisen essen, die vor den Augen des Gastes zubereitet werden! Kein Gemüse, keine Salate, keine kalten Gerichte. Und auf Magenverstimmungen vorbereitet sein! Doch falls das indische Alltagsmenü nach einer Weile dem Traveller total die Stimmung verschlagen sollte: Wie wäre es zur Abwechslung mit ein paar hartgekochten Eiern, mit Bananen, Mandarinen, Erdnüssen? Die gibt es überall, man kann sich mit ihnen den Magen nicht verderben, gegebenenfalls ihn sich mit dieser „Schonkost" wieder einrenken. Gegessen wird mit den Fingern der rechten Hand. Dennoch hält fast jeder Restaurantbesitzer einen Löffel bereit oder gar eine Gabel für den gelegentlichen ausländischen Kunden. Oder man hat besser seine eigene Gabel gleich dabei...

Unterkunft

Das Bettzeug bringt der Reisende auf dem indischen Subkontinent selber mit (die stellt der Besitzer der Herberge nicht), und auch ein Vorhängeschloß für seine Türe. Das eine hat hygienische, das andere Sicherheitsgründe. Wichtig: Insektenvernichtungsmittel bereithalten! Das hilft sowohl gegen Wanzen wie gegen Moskitos, und beide gibt es in unvorstellbarer Menge. Ein Zelt hingegen ist absolut entbehrlich. Erstens würde man schon nach fünf Minuten klatschnaß vor Schweiß sein, zweitens würde man zur Hauptattraktion des nahegelegenen Ortes werden und Massen von Schaulustigen anziehen.

Hotels der gehobenen Klasse sind extrem teuer, der einfachen Klasse extrem billig (außer in Großstädten!). Sie sind selten teurer als 5 DM, meist sogar darunter. Mit etwa 30 bis 50 Rupien für die Übernachtung in kleineren Orten strapaziert man sein Budget wahrhaftig nicht!

Die Nachbarländer Indiens haben höhere Preise, aber Kosten in einer Höhe wie in Europa wird man für seine Übernachtungen nirgends einkalkulieren müssen – einen Komfort wie in Europa andererseits auch nicht finden.

Ein guter Tip speziell für Pakistan, Sri Lanka und Indien sind die staatlichen *rest-houses* (auch DAK Bungalows, PWD Bungalows usw. genannt), die, für indische Beamte auf Dienstreisen gedacht, oft auch Europäern offenstehen und sauber und sehr preiswert sind.

Öffentliche Transportmittel

Eisenbahnen sind in Asien unglaublich billig. In Indien beispielsweise kosten 50 km Eisenbahnstrecke 2. Klasse (die 3. Klasse ist abgeschafft worden) 5 Rupies (1 Rp = 10,5 Pfg.), für 1000 km zahlt man 76 Rp. Die 1968 km lange Strecke von Bombay nach Kalkutta kommt also auf etwa 150 Rupies, 16 DM, das sind weniger als 1 Pfg. pro Kilometer. Die

1. Klasse kostet dann schon viermal soviel, und die noch darüberliegende klimaregulierte Klasse wieder doppelt soviel wie die 1. Klasse. Erwägt man, daß in Indien ein Liter Benzin nicht sehr viel billiger ist als in Europa und daß die indischen Landstraßen unvorstellbar überfüllt sind mit Fahrzeugen, Menschen, Tieren, und hat man so richtig Lust entwickelt auf eine Fahrt mit der indischen Eisenbahn, folgt die Enttäuschung auf dem Fuß: Reservierte Plätze für die hoffnungslos überfüllten Züge bekommt man schon, aber man muß sie drei oder vier Tage im voraus bestellen.

Hat jemand vor, sehr viel mit der Eisenbahn zu fahren, rentiert sich eventuell der Indrail-Paß. Sieben Tage unbegrenzt mit der 2. Klasse kosteten noch vor zwei Jahren 45 US-Dollar, 90 Tage 150 Dollar. Die 1. Klasse ist zwar entsprechend teurer, aber Reservierung ist für die Besitzer eines Indrail-Passes meist nicht nötig.

Busse sind ebenfalls extrem billig, fahren aber nur kürzere Strecken. Unfälle sind häufig, Reifen- und Motorpannen desgleichen. Knallig heiß ist es, und ab und zu wird man auch Erlebnisse mit Taschendieben sammeln können. Ob Bus, ob Bahn: Probleme sind in Indien meistens lösbar, und sei es durch ein Bakschisch.

Flugpreise in Indien sind (wie Luxushotels übrigens auch) in Devisen zu bezahlen. India Wonderfares (1 Woche fliegen, soviel man will): 200 US-Dollar. Discover India-Tarif (21 Tage): 400 Dollar.

Sprachen

Mit Englisch kommt man überall durch, und in den früheren britischen Kolonien Pakistan, Sri Lanka, Indien und Bangladesch spricht diese Sprache fast jeder. In Anatolien aber ist Deutsch die beste Möglichkeit der Verständigung.

Post

Briefe erreichen einen herumreisenden Touristen auf jedem Postamt, wenn sie den Vermerk „poste restante" (postlagernd) tragen sowie die Angabe „Central Post Office" oder „General Post Office" (Hauptpostamt). Da größere Orte mehrere Postämter haben, könnte es sonst zu Verwechslungen kommen. Das Hauptpostamt herauszufinden ist nicht schwer. Vornamen sollten prinzipiell nur mit den Initialen angegeben werden, damit der Postbeamte, in Unkenntnis deutscher Namensgebung, den Brief nicht unter dem Vornamen einordnet. Denn Post wird alphabetisch abgelegt. Als Adresse also nicht „Gustav Maier" angeben, sondern: G. Maier, poste restante, Central Post Office, Lahore, Pakistan. Der Brief kommt hundertprozentig an, wenn auch oft erst nach Wochen. Nur Adressen nach Hause melden, an denen man in frühestens drei Wochen ist. Werden Sendungen nicht abgeholt, werden sie kostenlos nach einigen Wochen (oder Monaten) retourniert. Also Absender angeben! Auch die diplomatischen Vertretungen des Heimatlandes (die es natürlich nur in den jeweiligen Hauptstädten gibt) heben Post für Touristen auf, wenn sie mit einem entsprechenden Vermerk versehen ist: „Bitte aufbewahren! Wird abgeholt!"

Kosten

Man kann viel Geld ausgeben, in Ländern wie Indien, jedoch auch mit 300, 400 DM pro Monat schon bestens über die Runden kommen.

Probleme mit dem lieben Geld

Falls einem das Geld abhanden kommt: Geldüberweisungen nur telegraphisch und nur an Auslandsvertretungen europäischer oder amerikanischer Banken in Indien schicken lassen, nie an eine indische Bank, die viel zu langsam arbeitet. Eine indische Rupie kostete (Juni 1990) 10,5 Pfg. in Europa und war für ca. 11 Pfg. in Indien zu haben. Da Inder, die ins Ausland reisen, nur einen geringen Betrag an Devisen offiziell wechseln dürfen, hat sich an bestimmten Orten, meist Großstädten, ein illegaler Schwarzmarkt entwickelt, wo Rupies zeitweilig bis zu 30 % unter dem Bankenkurs angeboten werden. Vorsicht ist allerdings angebracht, da jede Sorte Betrüger hier ein Betätigungsfeld hat.

Achtung!
Falls man nicht auf die altindische Methode (Wasserkrug und linke Hand) zurückgreifen möchte: bitte viel Klosettpapier mitnehmen. Es gibt keinen Nachschub! Auch einen geeigneten Vorrat an Filmen nicht vergessen. Und, besonders wichtig, ein spezielles Versteck für Wertgegenstände ausdenken: eine Geldtasche etwa, unter der Kleidung zu tragen, einen Geldgürtel, den man nie ablegt, oder in die Kleidung eingenähte Geheimtaschen. Diebe gibt es überall, und Europäer gelten als unermeßlich reich. In Relation zu den meisten Asiaten sind sie es ja auch.